프로이트의 꿈의 해석

무의식에 비친 나를 찾아서

프로이트의 꿈의 해석,
무의식에 비친 나를 찾아서

2014년 12월 15일 1판 1쇄
2020년 5월 15일 1판 3쇄

지은이 : 김서영

편집 : 정은숙, 서상일
디자인 : 백창훈
제작 : 박흥기
마케팅 : 이병규, 양현범, 이장열
홍보 : 조민희, 강효원

인쇄 : 천일문화사
제책 : 경원문화사

펴낸이 : 강맑실
펴낸곳 : (주)사계절출판사 | 등록 : 제406-2003-034호
주소 : (우)413-120 경기도 파주시 회동길 252
전화 : 031)955-8588, 8558
전송 : 마케팅부 031)955-8595 편집부 031)955-8596
홈페이지 : www.sakyejul.net | 전자우편 : skj@sakyejul.com
트위터 : twitter.com/sakyejul | 페이스북 : facebook.com/sakyejul

값은 뒤표지에 적혀 있습니다. 잘못 만든 책은 서점에서 바꾸어 드립니다.
사계절출판사는 성장의 의미를 생각합니다.
사계절출판사는 독자 여러분의 의견에 늘 귀 기울이고 있습니다.

ISBN 978-89-5828-813-8   44180
ISBN 978-89-5828-407-9   (세트)

이 도서의 국립중앙도서관 출판시도서목록(CIP)은 e-CIP 홈페이지(http://www.nl.go.kr/cip.php)에서 이용하실 수 있습니다.(CIP제어번호:2014035100)

주니어클래식 14

프로이트의 **꿈의 해석,**
무의식에 비친 나를 찾아서

김서영 지음

"가만히 좀 있어!" 우리가 어려서부터 자주 듣던 말입니다. 어른이 되고 나서도 잠자코 있을 때가 많죠. 가만히 있는 건 익숙한 습관 이니까요.

그러나 프로이트의 정신분석학은 우리에게 "가만히 있으면 안 됩니다."라고 말한답니다. 프로이트를 찾아온 환자들의 가장 큰 문 제는 그들이 늘 가만히 있었다는 것입니다. 싫어도 싫다는 말을 하 지 않고, 괴로워도 힘들다는 말을 하지 않다 보니, 자신도 자기가 힘든 줄 모르는 거예요. 그때는 몸이 대신 말을 합니다. 병원에서 검사를 해 보면 별 문제가 없는데, 여기저기 몸이 아우성을 치는 거죠. 그건 내가 힘들다는 걸 제발 알아 달라는 신호예요. 더는 가 만히 있지 말아 달라는 내부의 요청이죠.

우리는 프로이트의 정신분석학을 이용하여 내면에서 솟아오르 는 말들을 이해할 수 있습니다. 특히 정신분석학의 중심 기법은 꿈 분석입니다. 꿈은 우리의 현재 상황을 알고 있어요. 내가 힘든지, 기분이 나쁜지, 누구를 좋아하고 누구를 싫어하는지 알고 있답니 다. 꿈은 우리의 과거도 알고 있어요. 나는 별 생각 없이 지나친 일이지만, 꿈은 그것 때문에 내 마음이 괴로웠다는 걸 내게 알려 줍니다. 꿈은 내 미래도 예측해요. 나는 때로 내가 하고 싶은 걸 말하지 못합니다. 그러나 꿈은 내 소원의 이모저모를 알록달록하게 채색하여 화폭에 펼쳐 놓습니다. 물론 정신분석학의 눈으로 보면 꿈에서뿐만 아니라 일상의 모든 행동 속에서 과거, 현재, 미래를 잇는 길과 그 길에서 마주친 사연들이 다 보여요. 그런 정신분석의 방법론을 가장 잘 가르쳐 주는 책이 바로 『꿈의 해석』입니다.

정신분석이 꿈꾸는 세상은 우리 한 사람 한 사람이 모두 내가 잘하는 것, 내가 좋아하는 것, 내가 진정으로 원하는 것이 무엇인지 아는 세상입니다! 나아가 모두 최선을 다할 수 있고 나만이 할 수 있는 일을 하는 세상이랍니다. 그건 전문가들의 세상이라고 할 수 있죠. 이런 사람들이 모여 서로 돕는 세상은 정말 아름답겠죠? 『꿈의 해석』의 목표는 우리 모두가 꿈을 이루는 것, 저마다 자기 분야에서 전문가가 되는 것이라고도 할 수 있습니다.

저는 대학을 참 재미없게 다닌 사람에 속하는데, 제 이야기를 잠시 들려드리는 게 좋겠네요. 이과와 문과 가운데 진로를 선택해야 했던 시기에 선생님께서는 제게 문과 반이 평균 70명 정도인 반면 이과 반은 50명이 안 되니 이과로 가는 게 좋겠다고 말씀하셨어요. 문과 지원자가 너무 많으니까, 전체 성적이 나쁘지 않으면서 의지가 분명하지 않은 학생은 되도록이면 이과를 선택하도록 설득했던 거죠. 저도 그중 한 명이었어요. 집에서도 좋아했어요. 부모님 마음속에 이과 과목을 배우는 여학생에 대한 '로망'이 있었던 것 같아요. 문과 성적보다 이과 성적이 조금 높다는 사실 때문에 으쓱한 느낌도 들었고, 왠지 공부 잘하는 아이들은 문과보다는 이과를 가는 것 같아서 정말로 이과를 선택해 버렸습니다.

고등학교 1학년 때 저지른 그 실수에 대해 마흔이 넘어서까지 여전히 뼈에 사무치도록 후회하게 될 줄은 정말 꿈에도 몰랐어요. 저는 문과 성향이 다분한 아이였거든요. 글 쓰는 걸 좋아했고, 일기 쓰는 것도 힘든 적이 없었어요. 친구들이랑 늘 편지를 몇십 통씩 주고받았고, 상을 받은 것도 모두 백일장에서였어요.

돌이켜 보면, 그런 성향을 처음 알게 된 건 초등학교 때였어요. 어머니께서 큰 수술을 받으셨을 때 저는 눈물의 일기를 썼어요. 담임 선생님께서는 그 일기를 보시고 저를 경복궁에서 열리는 백일장에 내보내셨죠. 백일장에서는 몇 시간을 주면서 자유 주제로 글을 쓰라더군요. 어떤 아이는 엄마가 불러 주는 내용을 받아쓰고 있었고, 또 어떤 아이는 불안한지 계속 손톱을 물어뜯고 있었어요. 저는 우습게도 이상한 걱정을 하고 있었어요. 대상 상품이 제게 이미 있는 물건이었거든요. 그래서 대상을 타면 어쩌나 걱정하고 있었죠. 저는 3등 상품이 마음에 들었어요. 재미있는 일은, 제가 정말 3등을 했다는 거예요!

고등학교 1학년이 되어 그런 기억들을 다 지워 버렸나 봐요. 참 어리석지요. 그 기억은 제가 누구인지 이야기해 주고 있었는데……. 그때도 꿈은 열심히 제게 말을 걸고 있었을 텐데, 그냥 개꿈이라고만 생각했어요. 내면을 들여다본다든가 제가 누군지 생각해 보는 일에는 관심도 없었어요. 누가 그렇게 하라고 말해 줘도 아마 왜 그런 걸 하나 생각했을 겁니다.

그게 얼마나 잘못된 일이었는지 온몸으로 체험하고 몇십 년을 후회한 뒤 저는 지금 이 책을 쓰고 있습니다. 내가 없는 그 텅 빈 교실과 강의실, 누구라도 투명 인간을 만들어 버리는 그곳에 아무도 다시는 앉지 않으면 좋겠습니다.

저는 이 책에서 여러분에게 정신분석에 관한 이야기를 들려드릴 거예요. 제가 누구인지, 제가 뭘 잘하는지, 제가 왜 괴로운지 알려 준 학문이 바로 정신분석학이었습니다. 정신분석학은 19세기 말에 지그문트 프로이트라는 의사 선생님이 처음 만든 학문 영역입니다. 정신분석학을 가장 잘 이해할 수 있는 책이 바로 1900년에 출간된 『꿈의 해석』이지요. 우리는 지금부터 구체적인 일상의 사례들을 중심으로 이 책을 살펴볼 겁니다.

사실 이 책의 내용을 여러분이 이해할 수 있게 돕는 것은 두 번째 목적입니다. 첫 번째 목적은 여러분이 여러분 자신의 내면으로 여행할 수 있도록 돕는 것입니다.

『꿈의 해석』은 내가 무엇을 좋아하는지, 왜 어떤 일을 할 때는 힘든지, 어디로 나아가야 하는지 분석할 수 있도록 돕는 책입니다. 매일 아침 일어나자마자 꿈을 적어서 매번 분석할 것까지는 없어요. 대신 기억에 남는 꿈을 적어 주세요. 한 달에 한 번일 수도 있고 몇 달에 한 번일 수도 있을 겁니다. 그걸 분석하면 여러분은 자신에 대한 많은 이야기를 들을 수 있을 거예요. 그 후 분석한 내용들을 계속 마음에 간직하고 계세요. 분석이 모이고 하나의 흐름이 만들어지면 내 마음의 지도가 그려질 겁니다. 언제 기쁜지, 무엇을 좋아하고 무엇을 싫어하는지, 왜 좋아하고 왜 싫어하는지, 그 이야기들이 꿈에 나타나니까요.

꿈은 남이 꾸어 주는 게 아니라 내가 꾸는 거죠. 내 미래의 꿈도 마찬가지입니다. 남이 결정해 줄 수 없어요. 둘 다 내가 꾸는 꿈이니까요. 꿈은 내 마음속에 있는 것들을 재료로 사용합니다. 그것으로 요리를 하니, 그렇게 만들어진 요리에는 내 취향과 생각과 장점과 단점이 배어 있을 수밖에 없습니다. 『꿈의 해석』은 우리에게 정신분석이 무엇인지, 정신분석이 어떻게 우리를 도울 수 있는지 알려 줍니다. 무엇보다 나 자신의 상황을 조금 더 객관적으로 분석할 수 있게 해 줍니다. 그렇게 될 수 있도록 저도 도와드릴게요.

어떻게 확신하느냐고요? 저 자신이 정신분석학에서 많은 도움을 받았거든요. 제가 체험한 것이기에 확신할 수 있습니다. 저는 지금 정신분석의 대중화를 위해 최선을 다해 노력하고 있어요. 꿈 분석도 정신분석도 어렵지 않습니다. 정신분석은 '내면으로의 여행'과 같은 말이랍니다. 지금부터 제가 안내해 드릴 테니, 함께 그 여행을 떠나 보시겠어요?

2014년 11월
김서영

차 례

일러두기

이 책에서 사용한 원서는 Sigmund Freud(1900), *The Interpretation of Dreams*, *The Standard Edition of the Complete Psychological Works of Sigmund Freud*, vol. IV & V, London: The Hogarth Press입니다. 인용문에 이 책의 쪽수를 표기했습니다. 영어 전집 5권은 4권에서 이어져 339쪽부터 시작하므로 권수를 제외하고 쪽수만 표기했습니다.

이와 함께 독일어 전집의 쪽수도 함께 적었습니다. 독일어 전집은 Sigmund Freud(1900), *Die Traumdeutung, Gesammelte Werke*, Bd. II/III, Frankfurt am Main: S. Fischer를 사용했습니다.

영어 전집의 쪽수를 먼저 밝혔고, 독일어 전집의 쪽수는 / 뒤에 밝혔습니다. 예를 들면 다음과 같습니다.

영어 전집 373~374쪽, 독일어 전집 378쪽 → 373~374/378

정신분석 연구를 통해 우리는 정상적인 삶과 신경증으로 고통받는
삶 사이에 근본적인 차이가 있는 것이 아니며,
이 둘을 구분하는 것은 양적인 차이라는 사실을 알게 되었습니다.
사실 꿈속의 억압된 콤플렉스들은 건강한 사람과 아픈 사람 모두에게
동일한 방식으로 작동하고 있으며, 꿈을 해석하는 방식이나 상징들도
모두 동일하게 적용할 수 있답니다. (373~374/378)

내가 원하는 것은 무엇일까?

프로이트는 환자를 분석하는 것과 같은 방식으로 우리의 꿈을 해석합니다. 꿈만이 아니라 일상생활의 다양한 일들도 분석하죠. 그는 우리 모두가 어떤 면에서는 정신적으로 고통받고 있다고 생각했어요. 그 정도가 심해질 때 마음의 괴로움이 겉으로 드러나는 거고요. 사랑하는 사람을 잃은 경우, 마음속 슬픔을 '정상적으로' 표현할 수 있을까요? 당연히 분노나 슬픔 같은 감정을 정상적인 방식으로 드러낼 수는 없겠죠! 우리는 가끔 "내가 정상인가?", "내가 미쳤나?" 하는 질문을 해요. 프로이트는 오히려 '정상'이라는 게 대체 뭐냐고 묻습니다.

프로이트의 업적 가운데 하나는 정상을 정의하는 단 하나의 기준이 존재하지 않는다는 것을 우리에게 알려 주었다는 겁니다. 그래서 프로이트는 마음이 아픈 사람과 이른바 정상인 사이에 근본적인 차이가 있는 것은 아니며, 모두 동일한 방식으로 꿈을 분석하고 정신분석을 할 수 있다고 말합니다. 따라서 정상이라는 기준에 집착하기보다는 저마다의 개성을 찾는 것이 더욱 중요하죠. 그것은 나 자신의 정답을 찾는 과정이기도 합니다.

'나'에 대해 생각해 볼까요? 나는 어떤 사람인가요? 무얼 좋아하고, 또 무얼 싫어하죠? 이과 성향인가요, 아니면 문과 성향인가요? 확실하지 않다고요? 문과·이과 구분 폐지를 둘러싼 논의가 이루어지고 있긴 하지만, 이 문제는 단지 교육 과정에 국한된 게 아닐 겁니다. 여러분이 꽤 많은 관심을 기울이고 있는 부분이니, 이와 관련해서 "내가 원하는 것은 무엇일까?"라는 질문을 놓고 생각해 보겠습니다.

형 따라 언니 따라, 또는 엄마나 아빠를 따라 진로를 선택하는 경우가 있죠. 내가 정말 관심이 있기 때문인지, 아니면 누군가의 욕망을 모방하고 있는 것인지 구분하기 쉽지 않을 때가 있습니다. 다음 경우들 중 응원하고 싶은 선택이 있는지, 아니면 문제 된다고 여겨지는 점이 있는지 한번 살펴보세요.

어머니께서는 공무원이세요. 그래서 제게도 늘 행정학과에 진학해서 공무원 시험을 보라고 하세요. 그런데 이 학생은 어머니께서 하시는 일이 참 지겨워 보여요. 정말로 그 일은 하고 싶지 않죠. 어머니께서 아무 말씀 못하실 것을 찾아야겠군요. 어머니께서 모르시는 걸 하기 위해 이과를 가려고 합니다.

형이 미술을 해요. 재능도 있어요. 동생은 자기도 미술을 전공하고 싶어 하죠. 그런데 그게 미술을 전공하고 싶은 건지 아니면 그냥 형이 하는 걸 나도 따라 하고 싶은 건지, 그 점이 확실하지가 않아요.

부모님께서 모두 문과를 나오셨어요. 이분들은 자식이 이과를 가면 좋겠다고 생각하세요. 당신들께서 못해 보신 걸 시키고 싶으신 거예요. 왜냐고 여쭤보면 아마 한마디만 하실 겁니다. "멋있잖아!" 소원을 풀어 드려야 할까요?

아버지께서 자동차 정비를 오래 해 오셨는데, 늘 자동차 공학과에 가라고 하세요. 어릴 때부터 봐 왔기 때문에 웬만한 정비는 혼자서도 할 수 있는 학생이에요. 그렇다면 이 학생은 이과를 가는 게 당연한 걸까요?

현실적으로 이과가 취직이 더 잘될 것 같아서 그냥 이과로 가려 하는 학생이 있어요. 특별히 하고 싶은 일이 있는 것도 아니고, 열정을 바쳐 뭔가를 할 엄두가 나지도 않아요. 뭐, 그냥 그렇게 사는 거죠. 혹시 이렇게 생각하고 있나요?

글 쓰는 게 정말 좋은데, 아무도 실력을 인정해 주지 않아요. 백일장에서 상 한 번 못 받았어요. 문예 창작과에 가고 싶은데 선생님께서는 수학 성적이 제일 높으니 이과를 가라고 하세요. 어쩌죠? 좋아하는 걸 해야 할까요, 아니면 잘하는 걸 해야 할까요?

회사 직원이 돈을 횡령하는 바람에 아버지 회사는 부도가 났어요. 그래서 학생의 가족은 오랫동안 반지하 단칸방에서 생활해야 했죠. 어머니께서는 화병을 얻으셨어요. 그 일을 반복해서 말씀하시며 원통해 하시죠. 이 학생은 정의를 구현하기 위해 꼭

〈자화상〉

요하네스 굼프, 1646

거울 속의 나, 캔버스에 그린 나, 그림을 그린 나,
이 가운데 진짜 나는 누구일까? 내가 그린 이 사람이 과연 나일까?

법대에 가겠다고 결심합니다. 그는 자기 성향이나 장점에 관심을 둘 여유가 없어요. 가족의 역사가 자기보다 우선시되는 경우입니다.

자, 어떻게 결정해야 할까요? 어떤 선택을 응원하고 싶나요? 살면서 마주하게 되는 수많은 선택의 순간에 우리는 어떤 결정을 내려야 할까요?

마음속 이야기에 귀 기울이세요

프로이트는 무엇보다 먼저, 이럴 때 어떻게 하면 안 되는지 이야기해 줍니다. 그는 "억지로 해서는 안 된다!"고 말하네요. 프로이트에게 분석을 받으러 찾아갔던 사람들은 대부분 무엇인가를 '억지로' 해 온 사람들이었어요. 최악의 경우는 자기가 무엇인가를 억지로 하고 있다는 사실을 인식조차 하지 못하는 거예요.

하고 싶은 걸 하는 사람은 별 문제가 없어요. 그렇게 결정하고, 그 결정을 책임질 수 있는 사람은 성숙한 사람이고 또 행복한 사람입니다. 하기 싫은 걸 억지로 하거나 의무 때문에 하는 경우, 남이 시킨 것을 내가 하고 싶은 것이라고 우기며 하는 경우 모두 문제가 됩니다. 누군가를 따라 하는 경우, 누군가를 누르고 내가 이기기 위해 기어이 어떤 일을 하고야 마는 경우도 마찬가지로 문제가 되죠. 시기와 질투에서 비롯된 선택에서도 내 이야기보다는 남의 이야기가 더 중요해집니다. 이런 사람들은 자기가 좋아하는 것보다는 늘 질투의 대상이 하는 일을 따라

하게 되거든요.

대부분의 사람들은 이렇게 자신이 휘둘리고 있다는 것 자체를 몰라요. 프로이트는 그걸 '무의식적 사고'라고 부릅니다. 의식적인 사고가 아니기 때문에 "너 지금 너희 언니 이기려고 그러는 거지?" 이렇게 물어보면 극구 부인하죠. 의식적으로는 정말 그렇게 생각하지 않는 거예요. 그런데 무의식의 차원으로 내려가서 분석해 보면 다른 이야기가 들리는 경우가 많답니다. 꿈의 해석은 우리 마음속에 있는 다른 소리가 표현되도록 도와줍니다. 그 소리를 들어야 해요. 내가 누구에게 휘둘리고 있는지, 내가 누구를 모방하고 있는지, 내가 무엇을 왜 억지로 하고 있는지 분석해야 해요. 그 뒤에야 비로소 내가 정말 원하는 것을 할 수 있게 됩니다.

『꿈의 해석』은 우리에게 꿈을 분석하는 방법을 알려 주는 책이에요. 어젯밤 꿈을 분석함으로써 우리는 미래의 꿈으로 나아갈 수 있게 됩니다. 꿈 분석은 나를 이해하기 위한 정신분석의 첫걸음이랍니다. 자, 그럼 꿈 이야기를 한번 시작해 볼까요?

왜 꿈을 분석할까?

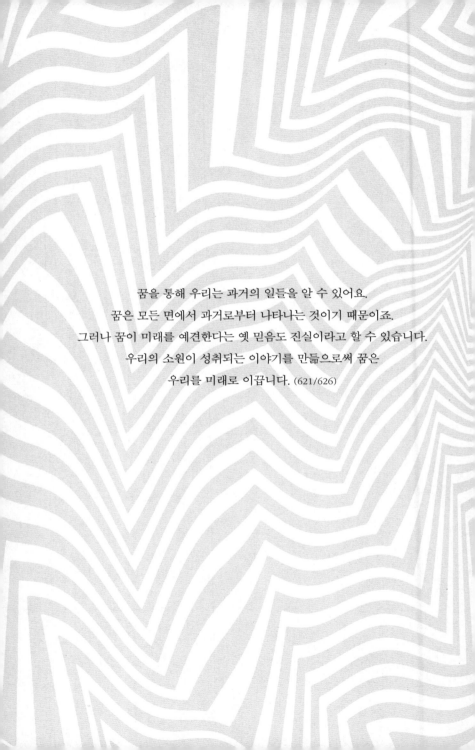

꿈을 통해 우리는 과거의 일들을 알 수 있어요.
꿈은 모든 면에서 과거로부터 나타나는 것이기 때문이죠.
그러나 꿈이 미래를 예견한다는 옛 믿음도 진실이라고 할 수 있습니다.
우리의 소원이 성취되는 이야기를 만듦으로써 꿈은
우리를 미래로 이끕니다. (621/626)

꿈속에 나온 똥은 돈일까?

우리는 꿈을 해석할 수 있습니다. 바로 이것이 『꿈의 해석』의 주제입니다. 프로이트는 꿈을 과학적으로 분석하는 방법을 대중에게 알리고 싶었어요.

당시 사람들은 꿈을 미래의 일을 알 수 있는 예지몽이나 신탁 같은 신비한 영역의 일로 여겼습니다. 사실 그런 경향은 우리에게도 여전히 남아 있습니다. 많은 사람들이 태몽과 예지몽을 믿잖아요. 또한 우리는 많은 꿈들을 전형적인 방식으로 해석하죠. 꿈에 똥을 보면 돈을 벌게 된다고, 윗니가 빠지면 웃어른의 건강에 문제가 생긴다고들 말하네요. 나아가 꿈은 창조적인 능력이나 예술적인 영감이 가득한 장소로 이해되기도 합니다. 케쿨레(1829~1896)라는 화학자는 꿈속에서 뱀이 꼬리를 물고 도는 모습을 보고 벤젠의 탄소 고리 구조를 그릴 수 있었고, 초현실주의 화가들에게 꿈은 능동적인 에너지가 넘치는 공간으로 간주되었습니다.

〈꿈을 풀이하는 요셉〉

베르나르도 스트로치, 1626

왕의 술 시중을 드는 이(오른쪽)가 가지가 셋인 나무에서 포도를 따 왕에게 바칠
잔에 즙을 짜는 꿈을 꾸었다고 말한다. 이에 요셉(왼쪽)은 삼일 뒤에 그가
왕의 술 시중을 들게 될 것이라고 풀이한다. 오랫동안 꿈은 미래와 연결된
신비한 영역으로 간주되었다. 그러나 프로이트는 그런 식의 해몽에
문제를 제기하며 꿈 분석 방식에 혁신을 일으킨다.

그러나 프로이트는 이와 같은 해몽이 꿈을 분석하는 보편적인 틀을 제시하지 못한다고 생각했어요. 모든 똥 꿈이 다 돈과 관련된다고요? 그러면 제대로 변을 보지 못하는 꿈, 설사하는 꿈, 더러운 화장실에 갇히는 꿈, 옷 속에 똥 한 덩어리가 들어 있는 꿈은 어떻게 다를까요? 변의 양에 따라 돈을 벌 확률이 달라지나요?

프로이트에 따르면 '똥은 돈이다.'와 같은 전형적인 해석이 아니라 꿈꾼 사람의 기억과 지식을 바탕으로 분석한 개별적인 해석이 더욱 중요합니다. 만약 꿈꾼 사람의 부모님이 똥이 등장하는 꿈을 늘 돈과 관련지어 해석했다면, 그에게는 똥과 돈이 같은 것으로 인식되었겠죠. 그렇다면 그의 꿈속 똥은 돈과 관련되었을 확률이 높습니다. 그렇지만 이건 복권을 사야 한다는 뜻은 아닙니다.

며칠 전 어머니께서 만기가 된 정기 예금을 다시 맡기려고 은행에 가셨다가 옆집 아주머니를 만나셨다고 해 볼까요? 그 아주머니는 얼마 전 어머니께 돈을 좀 빌려 달라고 부탁했어요. 어머니께서는 우리 집도 형편이 어렵다며 힘들게 거절하셨고요. 그런데 며칠 뒤 은행에서 돈을 맡기다가 그 아주머니를 만난 겁니다. 난처한 상황이죠? 그날 밤에 어머니께서는 이런 꿈을 꾸십니다. 똥을 아무도 모르게 땅에 잘 묻어 두려고 삽으로 흙을 푸는데, 어떤 사람이 삽자루에 매달려 삽이 너무 무거워지는 거예요.

이 꿈은 은행에서 만난 아주머니와 관련된 이야기입니다. 우선, 똥을 땅에 잘 묻어 두려고 하는 것은 돈(똥)을 은행(땅)에 맡기는 거죠. 즉 다시 정기 예금에 가입하는 거예요. 그런데 이때 어떤 사람이 삽자루에 매달려 삽이 무거워지는 것은 돈을 빌려 달라고 한 아주머니의 부탁과 관련되는 부분이죠. 그 아주머니가 실제로 어머니의 다리를 붙잡고 매달린 건 아니지만, 어머니께서는 그렇게 느끼셨던 겁니다. 돈을 빌려 달라고 매달리는 느낌과 평소 돈과 똥이 연관된다는 생각이 이어져 꿈에 반영되었네요. 바로 이런 게 프로이트의 꿈 분석이에요. '해석'과 '분석'이라는 말이 헷갈리죠? 분석은 해석의 과정이라고 생각하시면 되는데, 프로이트 자신이 이 두 단어를 구분 없이 사용하기도 해요. 같은 의미로 받아들이시면 됩니다.

위와 같이 분석하면 꿈의 신비한 면이 사라져 버리는 것 같죠? 프로이트는 과학적인 꿈 분석을 이야기합니다. 그러나 그는 이와 함께 꿈의 신비로운 측면과 다른 해석의 가능성을 남겨 둡니다. 그는 꿈을 아무리 오래 정밀하게 분석해도 해석되지 않는 부분이 꼭 남는다고 말해요. 프로이트는 그것을 '꿈의 중심(navel)'이라고 불러요. navel은 배꼽을 뜻하는 단어인데, 중심이라고 번역하는 게 더 자연스럽죠. 그것은 몸의 외부가 내부로 이어지는 중심을 뜻합니다. 프로이트의 말을 들어 볼까요?

가장 심도 있게 해석된 꿈에서조차 우리는 모호한 부분을 찾을 수 있습니다. 해석 작업을 진행할 때 우리는 그 부분에서 꿈 사고가 뒤얽혀 풀리지 않으며, 그것은 꿈의 내용을 이해하는 데에도 전혀 도움이 되지 않는다는 점을 알게 됩니다. 이곳이 바로 꿈의 중심으로, 여기에서 꿈은 미지의 세계와 맞닿게 됩니다.(525/530)

무슨 말인가 하면, 계산을 넘어서는 부분이 분명히 있다는 거예요. 돌아가신 할머니가 꿈에 나타나 위험을 경고해 주시기도 하고, 케쿨레의 사례에서와 같이 내 안의 창조성과 상상력이 꿈을 통해 드러나기도 하잖아요. 그런데 그건 우리가 준비할 수 없는 거예요. 그 꿈들은 맑은 날 소나기처럼 불현듯 우리를 찾아온답니다.

그렇지만 프로이트는 이보다 과학적인 방식의 꿈 분석 이야기를 하고 있습니다. 꿈꾼 사람의 마음을 드러내는 이론을 이야기하는 거예요. 분석의 중심에는 개인의 기억과 경험이 있습니다. 그러니까 내 꿈속의 똥은 오빠 꿈속의 똥과 전혀 다른 똥입니다. 모두 같은 똥으로 생각해 버리면 개성도 개별성도 취향도 성향도 다 똑같아져요. 그건 정신분석이 싸우고자 하는 일관성의 세상이에요. 정신분석은 한 사람의 이야기, 개별적인 사연에 귀 기울이는 학문이거든요. 내 꿈속의 똥은 절대로 오빠 꿈속의 똥과 같지 않습니다. 왜 그 이미지가 보였는지, 왜 그런 이야기가 나왔는지, 꿈을 꾼 뒤 왜 그렇게 느꼈는지, 꿈속에서 왜 그런 느낌이 들었는지 분석하고, 그것을 토대로 내 과거를 이해하고 현재의 지도를 그리며 미래를 준비하는 것이 프로이트의 꿈 분석입니다.

정신분석학에 따라 꿈을 해석하는 방법을 배우면, 그 방식으로 내 말과 남의 말도 분석할 수 있게 됩니다. 같은 방법으로 노래 가사도 분석하고 그림도 분석할 수 있죠. 이 책을 끝까지 다읽을 즈음에는 여러분도 그렇게 할 수 있게 되길 바랍니다.

그렇다면 꿈을 분석하는 방식이 대체 뭘까요?

꿈을 어떻게 분석할까? 자유 연상을 이용하세요!

프로이트는 일반 대중이 일상생활 속에서 사용할 수 있는 꿈 분석 방식을 알아내고 싶어 했습니다. 그리고 오직 개인의 '자유 연상'을 통해서만 그 답을 구할 수 있다고 확신하게 됩니다. 일반적으로 해몽을 할 때 사람들은 무엇이 무엇의 상징이라고 말하는 경우가 많아요. 똥이 돈의 상징이라고 하는 식이죠. 프로이트는 만약 사람들이 그렇게 생각한다면 그런 지식도 참고는 된다고 해요. 그렇지만 그보다 더 중요한 것은 개별적인 연상으로 얻은 정보라고 말합니다. 프로이트는 이렇게 말했어요.

꿈을 해석할 때 상징의 중요성을 과대평가해서는 안 된다는 점을 말씀드리고 싶어요. 꿈 번역 작업을 상징의 해석에 국한 시켜서는 안 됩니다. 꿈꾼 사람의 연상들을 활용해야 돼요. 그

기법(자유 연상)을 포기해서는 안 됩니다.(359~360/365)

자유 연상이란 생각나는 대로 꼬리에 꼬리를 물고 연상을 이어 가는 것을 말합니다. 이것은 정신분석의 기본 방법입니다. 만약 수진이라는 이름을 잊어버렸다면 '누구더라……. 수연? 아닌데……. 수정? 아닌데……. 아, 수진이!'라고 연상을 이어 가며 이름을 기억해 내게 되죠. 절대로 '누구더라……. 모니카 벨루치? 아닌데……. 꽃게? 아니야.'라고 연상을 이어 가지는 않습니다. 프로이트는 이처럼 우리가 어떤 생각을 할 때 연상되는 것들은 늘 연관 관계의 그물 속에서 하나씩 의식으로 솟아오른다고 설명합니다. 아무 관련성 없이 그냥 툭 튀어나오는 단어는 없다는 거죠. 그래서 꿈에 나오는 숫자 하나도 어떤 의미를 담고 나온다고 주장해요.

어젯밤 제 꿈에도 숫자가 나왔어요. 꿈속에서 저는 〈노예 12년〉이라는 영화의 마지막 장면을 다시 찍어야 한다면서 영화 촬영장을 찾아 헤매고 있었어요. 이 영화는 어느 날 갑자기 납치되어 12년을 노예로 살다가 극적으로 구출된 어느 흑인의 이야기였어요. 마지막 장면은 주인공이 가족의 품에 안기는 것이죠. 저는 유학을 마치고 2002년에 귀국했고 지금이 2014년이니, 그 기간이 '12년'이네요. 공부에 매진할 때는 "이건 사람 사는 게 아니야."라는 말을 입에 달고 살기도 했어요. 힘든 시간이 많았죠.

꿈에서 저는 〈노예 12년〉의 마지막 장면을 찍고 싶어 합니

〈노예 12년〉

스티브 맥퀸 감독, 2013

자유인으로서 가족과 함께 즐거운 시간을 보내던 주인공(위)이 납치되어 사슬에 묶인 채 노예로 팔려간다(아래). 주인공은 12년 동안 노예 생활을 한 끝에 마침내 가족의 품으로 돌아갈 수 있게 된다. 1840년대 미국에서는 흑인 납치 사건이 자주 발생했는데, 이때의 실화를 다룬 영화이다. 이 영화를 보고서 '내 삶의 지난 12년'이 꿈에 '노예 (같은) 12년'으로 나오게 된다.

다. 즉 노예 시기를 벗어나 가족의 품으로 돌아가는 장면을 찍어야 한다는 거죠. 그건 몸과 마음을 혹사하는 공부와 일에서 벗어나 가정으로 돌아가야 한다는 생각이 반영된 거예요. 저는 요즘 공부와 일을 조금 덜 하더라도 가족과 함께하고 싶다고 생각하고 있어요. 이런 제 마음이 꿈에 영화 제목을 타고 나타난 거예요. 이 꿈은 제 삶의 방향성을 보여 줍니다. 지금 이 순간 제게는 가족이 더 중요하거든요. 이처럼 꿈에 나오는 숫자 하나도 연관 관계의 그물망 속에서 나타난다는군요.

프로이트가 꿈을 분석할 때 썼던 자유 연상이라는 기법은 그가 애초에 히스테리* 환자들을 분석하며 사용한 주요 방법이었습니다. 그는 환자들에게 가능한 한 편안하게 떠오르는 대로 말을 이어 가 달라고 요청했습니다. 분석실에서 한 시간 동안 하는 일이 바로 자유 연상이에요. 맨 먼저 떠오르는 것을 이야기한 뒤 거기서부터 연상을 이어 나가죠.

프로이트는 환자를 긴 의자에 눕히고, 환자가 자기를 볼 수 없도록 환자의 머리 쪽에 앉는답니다. 두 눈을 마주 보고 분석하면 환자가 자꾸 분석가의 눈치를 보게 되기 때문이죠. 그러면 자유롭게 말할 수가 없잖아요. 환자가 정말 자기 자신이 되게 하려면 아무도 신경 쓰지 않고 말하게 해 주어야 합니다. 프로이트는 환자가 말할 때 그냥 듣습니다. 정신분석은 듣는 기술이라고도

* 신경증의 한 종류로, 남 안에 갇힌 삶을 살면서 다른 사람의 욕망에 휘둘리게 된다.

할 수 있어요. 잘 듣는 것이 잘 말하는 것보다 더 중요하죠.

그러다 꼭 물어봐야 하는 질문이 생기면 말을 합니다. '가', '나', '다'로 진행될 것이라 생각했는데, '가', '나', '하'로 넘어간다면 질문을 할 수밖에 없죠. 질문을 받은 환자는 자신이 뛰어넘은 부분으로 다시 돌아갈 수 있게 됩니다. 연상이 꼬리를 물고 이어지면서 반복되는 단어가 나타나기도 하고, 특정 단어를 말하기 전에 환자가 머뭇거리며 침묵이 흐르기도 해요. 이런 부분들까지 함께 분석하는 과정이 바로 정신분석입니다.

꿈이 반복되는 이유는 무엇일까?

어떤 사람을 만나서 30분 동안 이야기를 나누었는데 그 사람이 '엄마'라는 단어를 7번 언급했다면, 어머니와 관련된 이야기가 그의 마음속에서 중요한 자리를 차지한다는 걸 알 수 있습니다. 꿈 내용과 그에 관련된 연상을 잘 살펴봐도 '반복'되는 것들을 찾아낼 수 있어요. 그 반복을 설명해 내면 꿈이 해석되겠죠.

여러분, 〈인셉션〉이라는 영화 보셨나요. 이 영화는 남의 꿈속에 들어가 그 사람의 생각을 바꾸는 이야기입니다. 그런데 주인공 코브의 꿈속 여행에는 늘 아내가 등장해요. 코브는 자신의 의지로 조절되지 않는 아내의 반복적인 등장을 두려워합니다. 아내가 불쑥 꿈속에 나타나면 모든 계획이 다 어그러집니다. 아무리 애써도 아내는 어김없이 꿈에 나타납니다. 아내가 자꾸 나타난다는 건, 아내와 관련된 어떤 풀리지 않은 이야기가 코브의 마

〈인셉션〉

크리스토퍼 놀란 감독, 2010

영화에서 주인공은 다른 사람의 꿈속에 들어가 기억을 조작하는 일을 벌인다.
그런데 자꾸 주인공의 아내가 등장해 일을 망치곤 한다. 아내가 주인공에게
총을 겨누는 장면이다. 우리가 풀어야 할 문제를 외면하면, 무의식은
그 문제를 꿈으로 보내 잊었던 기억을 다시 떠올리게 한다.

음속 중요한 지점에 자리 잡고 있다는 걸 알려 줍니다.

어떻게 해야 할까요? 우선 아내에 대해 생각해 보는 겁니다. 자꾸 피하려고만 하다 보면 아무 문제도 해결되지 않습니다. 아내와의 관계에서 어떤 일이 있었는지, 왜 아내가 자꾸 꿈에 나타나는지 분석하면 어떻게 해야 하는지 대책을 세울 수 있어요. 문제의 인식과 대책 마련, 그리고 실천 과정을 거치고 나면 아내는 그렇게 두려운 방식으로 그의 꿈을 찾지 않게 될 겁니다. 이 과정에서 예전에는 오리무중이던 부분이 어떤 의미를 띠게 돼요.

그런데 왜 사람들은 반복되는 일이나 반복되는 꿈을 마주하지 못하는 걸까요? 진실이 두렵기 때문입니다. 〈인셉션〉의 주인공 코브는 마음속 깊은 곳에서 아내에게 죄책감을 느끼고 있어요. 그러나 그 죄책감을 깊이 숨겨 놓고 마주하지 않았죠. 그렇게 피하려고만 하니, 아내가 자꾸 꿈속에 나타났던 겁니다. 반복되는 이야기를 하나하나 살펴보다 보면, 지난날의 잘못과 괴로움, 힘들었던 순간과 잊고 싶은 이야기들이 나옵니다. 별로 보고 싶지 않은 것들이죠. 문제는, 아무 일도 없다며 덮어 버리고 나면 어떤 반복이 시작된다는 겁니다.

이어지는 연상 속에서 이야기의 조각들을 잘 관찰하면, 이 이야기들을 하나의 지도로 구성할 수 있습니다. 그게 바로 꿈 분석이에요. 기억도 나지 않고 연상도 떠오르지 않으면 어떻게 하냐고요? 물론 그런 경우가 많죠. 그런데 프로이트는 망각 또한 이야기의 일부라고 주장합니다. 보고 싶지 않거나 잊고 싶을 때,

생각하고 싶지 않을 때, 우리는 망각이라는 방법을 사용해 도피
합니다.

꿈의 왜곡, 마음속 진실은 무엇일까?

다음 이야기는 좀 이상하게 들릴지도 몰라요. 모두 받아들이려
고 애쓰지 말고 그냥 한번 들어 보세요. 프로이트는 꿈이 우리를
속인다고 말해요. 꿈이 우리를 어떻게 속이는지 분석할 수도 있
다고 하죠. 꿈은 반대로 해석해야 한다는 말이 여기 속하겠네요.

　　예를 들어, 꿈에 내가 아는 어떤 사람이 죽어서 너무나 슬펐
다고 해 봅시다. 상식적인 해석은 그 사람이 죽을까 봐 두려웠다
는 거겠죠. 그러나 정신분석학의 해석은 조금 더 복잡합니다. 슬
픔이라는 정서가 진짜 내용을 감추는 것일 수도 있다는 거예요.
슬펐다는 점을 빼면, 내가 누군가의 죽음에 대한 꿈을 꾼 겁니
다. 다시 말해 '그 사람이 내 인생에서 좀 사라져 버렸으면.' 하
고 바라는 마음이 꿈에 나타난 것일 수도 있다는 거죠. 그런데
그렇게 생각하는 것 자체가 좀 겸연쩍고 미안하니까, 슬픔이라
는 감정으로 속마음을 가린 겁니다. 그렇게 되면 우리의 의식은
무죄입니다. 그러나 마음속 저 깊은 곳에 있는 무의식의 차원에
서는 유죄죠. 우리는 차차 무의식과 의식에 대해 살펴볼 거예요.
일단 지금은 무의식을 '의식적이지 않은 생각' 또는 '나도 모르
는 새 내가 하고 있던 어떤 생각'으로 받아들이면 돼요.

　　물론 모든 꿈을 다 그렇게 해석할 수는 없습니다. 개별 사례

가운데 그런 경우가 있다는 뜻이지, 꿈에 어떤 사람이 죽었다고 해서 언제나 꿈꾼 사람이 그 사람의 죽음을 원했던 것이라고 분석하면 안 돼요.

또 다른 왜곡으로는 이런 경우도 있어요. 꿈의 내용은 꽤 불쾌한 것인데 내가 그런 감정을 전혀 느끼지 않는다면, 그건 다른 내용이 그렇게 위장을 하고 나타났기 때문이라고 합니다. 한 여학생이 누군지 알 수 없는 어떤 남자와 들판을 걷고 있는데, 갑자기 둘 다 온몸에 종기가 나서 고름이 뭉글뭉글 솟아오르는 꿈을 꿨다고 해 봅시다. 그런데 전혀 기분이 나쁘지 않은 거예요. 그건 학교 가기 싫은 꿈입니다. 그렇게 되면 학교를 안 가도 되잖아요. 게다가 다음 날이 시험 보는 날이거든요. 시험 꿈도 참 많이 꾸지만, 그걸 피하고 싶어서 꾸는 꿈도 많죠.

이 꿈에서 고름은 어디서 왔을까요? 주일 예배 시간에 목사님이신 아버지께서 구약의 「욥기」 이야기로 설교를 하셨다면, 왜 꿈에 종기와 고름이 나왔는지도 알 수 있어요. 욥이라는 사람이 온몸에 종기가 나서 고통받는 장면이 있거든요. 이건 시험 준비에 대한 괴로움과도 관련될 수 있는 요소라서 꿈이 아주 좋아할 만한 재료죠.

그런데 이 꿈에서 함께 있는 남자는 누구냐고요? 나중에 이 꿈을 더 분석할 테니, 이 이야기를 잘 기억해 두세요.

이런 현상은 꿈뿐만 아니라 우리 일상생활에서도 자주 볼 수 있어요. 싫은 감정을 숨기느라 오히려 더 잘해 주기도 하고, 좋은 감정을 숨기느라 더 무뚝뚝하게 대하기도 하잖아요. 속마음과 겉 표현이 달라지는 것은 흔한 현상이죠. 프로이트는 우리가 그 괴리를 잘 알고 있어야 한다고 말합니다. 내가 겉으로 드러내는 것에 나 자신이 정말로 속아서는 안 된다는 겁니다. 적어도 나는 내 속마음을 알고 있어야죠.

그러나 이게 그렇게 쉬운 일이 아니에요. 아무 생각 없이 살다 보면, 우리는 우습게도 자신에게 속는답니다. 옆에서 보는 사람은 다 아는데 나만 모르는 거예요. 이런 경우 우리는 자기 행동을 분석해야 합니다. 꿈을 분석하는 것과 같은 방식을 사용하면 돼요. 꿈이 어떤 이야기를 하려 했는지 해석하는 것은, 내가 마음속 깊은 곳에서 정말 하고 싶은 이야기가 무엇인지 분석하는 것이에요. 정신분석은 내 마음의 진실을 찾아가는 과정입니다.

그런데 그 진실이 의식에 드러나면 문제가 되는 경우가 있어요. 부모님은 "꼭 의대에 가야 해."라고 말하는데 나는 호텔 조리학과에 가고 싶다면, 진실이 드러나는 순간을 두려워하게 될 수 있죠. 한판의 소동이 두려워서 의식은 현실의 평화를 깰 수 있는 요소들을 검열하여 걸러 내려고 합니다. 그래서 꿈은 그대로 드러났을 때 문제가 되는 요소를 가능한 한 다른 방식으로 전달한답니다. 그게 바로 '왜곡'이에요. 검열에 걸리지 않게 무리 없는 내용으로 위장해서 의식에 전달하는 거죠.

물론 꿈은 우리 속마음이 만들어 내는 것이니, 마음속 깊은 곳에서는 그게 무슨 뜻인지 알고 있습니다. 그러나 깊이 생각해 보지 않고 의식에 나타난 내용만 믿는다면 진실은 사라집니다. 그런 것을 내가 정말 원했나 싶을 정도로 나오는 먼 이야기가 돼 버릴 수도 있어요. 속마음을 분석하지 않은 채 소란을 만들지 않는 무리 없는 결정만 따라가다 보면 자기 적성에 맞지 않는 공부를 하게 되겠죠. 부모님이 원하는 곳으로 진학하지 말라는 것은 아니에요. 때로는 그렇게 할 수도 있어요. 만약 내가 그렇게 결정한다면요. 그러나 그 결정은 속마음을 들여다본 뒤, 즉 분석하고 심사숙고한 뒤에 내가 내리는 결정이어야 합니다.

꿈 분석의 다음 단계는 개인이 결단을 내리는 것이랍니다. 프로이트는 정신분석학을 만들고 평생 정신분석학을 공부했어요. 어려운 일이 많았지만 결코 포기하지 않았죠. 이런 일은 누가 시켜서 되는 것이 아니라, 스스로 그 길을 선택하고 자신의 선택에 기꺼이 책임질 때 가능합니다. 진실의 목소리를 경청하여 자신이 진정 원하는 것을 찾아낸 뒤, 스스로 선택한 길을 무던히 갈 수 있다면 정말 최고의 삶이 펼쳐지겠죠?

내가 무얼 원하는지 찾는 것도 결정하는 것도 정말 어려운 일입니다. 프로이트도 처음부터 정신분석가가 되고 싶었던 건 아니에요. 이제 그가 어떻게 살았는지 이야기해 볼까요.

프로이트는
어떤 사람일까?

2

새로운 시도를 두려워하지 않는 할아버지

프로이트는 오늘날 체코 지역인 모라비아의 프라이베르크라는 도시에서 태어났습니다. 4살 때 집안 형편이 어려워지자 프라이베르크를 떠나 빈으로 이사했어요. 학창 시절 내내 뛰어난 재능을 드러낸 프로이트에게 부모님은 큰 기대를 걸었습니다. 그렇지만 프로이트를 진정으로 이해하지는 못했던 것 같아요. 그러니 책에만 파묻혀 있는 아들에게 실망했겠죠.

프로이트가 처음부터 아픈 사람을 고치는 일에 매료되었던 건 아니에요. 유대인이라서 늘 무시당하고 속이 상했기 때문에 뭔가 남에게 잴 수 있는 직업을 구하고 싶은 마음이 있었죠. 법대에 갈까 의대에 갈까 고민하다가 과학에 흥미가 있었기 때문에 의대를 선택했어요. 그 뒤에도 생리학에 관심이 더 많았지만, 당장 약혼자와 결혼하고 돈을 벌어야 했기 때문에 분석실을 차리고 환자를 받기 시작했습니다. 그 쪽이 수입 면에서 더 나았거든요. 선배들이 유대인 환자들을 소개해 주었고, 하루 종일 일하면 그래도 생계는 유지할 수 있었어요. 아이를 여섯 명이나 낳는 바람에 분석을 그만둔다거나 이직하는 것은 꿈도 꿀 수 없답니다. 그렇게 평생 프로이트가 한 공부가 바로 정신분석학입니다. 별로 극적이지 않죠.

그런데 놀라운 건 프로이트가 어떤 종류의 후회나 망설임도 보이지 않고 삶의 마지막 순간까지 평생을 최고 속도로 질주했다는 사실이에요. 쉬지를 않았어요. '이게 맞나?' 하는 고민도 하지 않았고요. 보통 사람들의 삶은 60~65세쯤에서 정점을 찍고 내려오는 포물선을 그리는데, 프로이트는 1939년 세상을 떠날 때까지 83년 동안 계속 일직선으로 올라갑니다. 사망하는 그해에도 세상에 파문을 던지는 글을 쓰고 있었어요. 그 글에서 프로이트는 유대인들을 이집트에서 구해 내 가나안(팔레스타인 요르단 강 서쪽 지역의 옛 이름)으로 이끈 모세가 유대인이 아니라 이집트 사람이었을 것이라고 주장했어요. 이건 프로이트의 인생에서 그리 새로운 일이 아닙니다. 왜냐하면 평생을 그렇게 새로운 이야기, 창의적인 시도를 끊임없이 해 왔기 때문이에요. 항상 미래에 대한 계획이 넘쳐흐르니, 과거로 돌아가 후회할 시간이 없던 거죠.

프로이트는 사실 문과 성향이 매우 강한 사람이었어요. 글 쓰는 걸 정말 좋아했고, 또 글을 참 잘 썼습니다. 괴테(1749~1832)를 사랑했고, 셰익스피어(1564~1616)를 즐겨 읽었어요. 고전에

능통했으며, 철학·경제학·과학 등 다양한 분야의 책을 읽었기 때문에 박학다식했죠. 프랑스어와 영어는 물론이고 이탈리아어도 유창하게 구사해 동시통역이 가능할 정도의 수준이었어요. 비트겐슈타인(1889~1951)이라는 철학자는 프로이트의 생각에 동의하지는 못하겠지만, 분명한 건 프로이트가 정말 글을 잘 쓴다는 점이라고 했답니다.

프로이트의 문장은 아름답다고 표현해도 좋을 만큼 멋져요. 8,000쪽 정도의 글을 썼고 몇천 쪽에 이르는 편지를 남겼다면, 그가 얼마나 글을 좋아했는지 짐작할 수 있겠죠? 논문에 문학 작품을 인용한 것도 적재적소에 쓴 명약 같은 느낌이에요. 한마디로 그는 이과를 선택했지만, 그곳에서 더 이상 할 수 없을 만큼 문과 성향을 마음껏 발휘했습니다. 굳이 과거로 돌아가 불평하고 후회할 필요가 없었죠. 자기가 재미있어 하는 걸 모두 현실에서 했으니까요.

그렇다 해도 하나의 학문 영역을 만들고 그 체계를 잡아 가는 과정에서는 좀 망설이지 않았을까요? 아니요. 그는 전혀 망설이지 않았어요. 계속 달렸죠. 그가 처음 정신분석학을 만나게 된 계기를 들려줄게요. 사실은 프로이트가 24살 때 요제프 브로이어(1842~1925)라는 의사가 정신분석의 방법을 먼저 개발했어요. 그는 그때 환자를 분석하고 있었어요. 브로이어는 자기가 아끼는 후배인 프로이트를 자주 집에 데려와 밥을 먹여 주었답니다. 그리고 환자 이야기를 들려주었죠. 프로이트는 훗날 브로이어와 함께 히스테리를 연구합니다.

　그런데 브로이어는 프로이트와 같은 집념과 끈기가 없었어요. 저돌적인 추진력과 상상력, 실험 정신과 도전 정신도 별로 없었죠. 그가 정신분석을 그만둔 후에도 프로이트는 마치 그것이 처음부터 자기 영역이었던 것처럼 주인 정신을 가지고 정신분석 이론들을 만들어 냅니다. 프로이트는 집념이 강했어요. 끝까지 물고 늘어져 해내고야 마는 사람이었죠. 결코 포기하지 않고 후회하지 않았습니다.

　그게 집안 내력인 것 같지는 않습니다. 사실 프로이트 집안은 좀 어수선했어요. 프로이트의 어머니가 아버지를 만났을 때는 이미 아버지의 전처가 낳은 장성한 아들들이 있었는데, 그들은 프로이트가 태어나기도 전에 아이들을 낳았어요. 프로이트의 아버지는 사업에 실패한 뒤로 힘이 없는 상태였고, 아들을 이해하려고 노력하지도 않았어요. 사업이 실패하기 전에도 부유한 형편은 아니었죠. 아버지는 프로이트가 책을 너무 많이 산다고 불만스러워했어요. 프로이트가 비싼 책을 살 때는 낭비하지 말라며 노골적으로 핀잔을 놓기도 했어요. 그래서 프로이트는 젊은 어머니는 좋아했지만, 아버지에게는 늘 뭔가 불편한 느낌을 받았어요. 당연히 둘의 관계는 서먹했죠.

　프로이트는 어떤 어려움 속에서도 끊임없이 연구를 지속하고 글과 논문을 썼어요. 제가 프로이트에 관해 가장 놀라는 점은 그가 개정판을 낼 때마다 엄청나게 많은 부분을 고쳤다는 사실

지그문트 프로이트

1856~1939

프로이트는 평생에 걸쳐 자신의 책을 개정하며 정신분석 이론을 다듬고 또
다듬었다. 노년의 프로이트가 원고를 보는 모습이다.

이에요. 얼마 전 저도 7년 전에 쓴 책의 개정 증보판을 출간했는데, 한번 쓴 책을 다시 열어 한 줄 한 줄 읽어 가며 고친다는 게 여간 힘들고 지겨운 일이 아니랍니다. 정말 그냥 내버려 두고 싶었어요. 진심으로요! 그런데 힘을 내서 새로운 내용을 넣은 개정판을 만든 이유는, 제가 프로이트를 읽어 왔기 때문이랍니다.

지치지 않고 꾸준히 수정해 가며 내용을 보완하는 것도 굉장하지만, 한 부분도 놓치지 않는 프로이트의 세밀함은 더욱 놀라워요. 예를 들면, 300쪽 전에 했던 말이 한 줄 반복된 곳이 있기에 '와, 프로이트도 이런 빈틈을 보일 때가 있구나.' 하고 생각했어요. 그런데 각주를 보면 "앞에서 했던 이야기지만, 이 맥락에 꼭 들어가야 하는 문장이므로 다시 반복함"이라고 쓰여 있는 거죠. 8,000쪽의 단 한 곳에서도 빈틈을 발견할 수 없었습니다. 그게 가능하냐고 묻지 마세요. 사실이에요. 프로이트는 그런 사람이랍니다.

제가 프로이트를 존경하는 이유는, 그런 빈틈없는 연구 방식과는 달리 그가 이론적으로는 틈을 남겨 두었기 때문입니다. 내 이론은 완벽하고 이 이론으로 모든 것을 분석할 수 있다고 주장할 것 같잖아요? 그런데 앞에서 말했듯이, 프로이트는 오히려 아무리 분석해도 절대로 분석되지 않는 '꿈의 중심'이 존재한다고 말해요. 분석하다 보면 도저히 분석할 수 없는 부분이 최소한 한 군데 이상 나온다는 거예요. 참 용감하죠? 프로이트는 그 부분을 억지로 해석해서는 안 된다고 조언합니다. 꿈의 전체 이야기가 어떤 내용을 들려주는지 읽어 내야 하지만, 동시에 끝까지 떨쳐 버릴 수 없는 어떤 막막함을 견뎌 내야 한다는 거예요.

우리는 가족이나 친구와 대화할 때도 그 사람이 지금 어떤 생각을 하는지, 어떻게 느끼는지 이해하려고 최선을 다해 노력할 수 있을 뿐입니다. 그 사람의 모든 것을 다 알 수는 없죠. 사실 그 사람 자신도 자신에 대해 모든 것을 다 말해 보라고 요청받는다면 참 난감할 거예요. 무슨 생각을 하는지, 어떤 감정을 느끼는지, 완전히 표현하는 건 불가능합니다. 프로이트는 이 불가능성을 이야기하는 거예요. 완전한 분석은 가능하지 않다는 겁니다. 그 점을 인정하고서 최선을 다해 분석하는 거죠.

프로이트 전집 둘러보기

프로이트가 어떤 책들을 썼는지 둘러봅시다. 먼저, 프로이트가 브로이어와 함께 정신분석이라는 영역을 처음으로 개척하며 쓴 책이 『히스테리 연구』입니다. 이 책에서 프로이트는 마음이 너무나 괴로운 나머지 몸에 증상이 나타나는 사람들을 분석했어요. 병원에서 아무리 검사해 봐도 몸에는 별 이상이 없는데 자꾸 아픈 거죠. 두통이 끊이지 않는다거나 몸의 어떤 부분이 계속 아픈데 확실한 원인을 찾지 못할 때 사람들은 프로이트를 찾았어요.

처음에 프로이트는 최면 요법을 썼어요. 그렇지만 그건 장기적인 효과가 없었습니다. 그래서 그가 사용한 방법이 바로 자유 연상법이에요. 자유롭게 이야기하도록 하는 거죠. 그러면 사람들은 이 이야기 저 이야기로 옮겨 가며 결국 자기도 알지 못하던 문제에 접근하게 됩니다. 그것은 구조적인 문제일 때가 많았어요. 그렇게 살 수밖에 없게 만든 마음속 구조 말이에요.

이건 옛날이야기가 아닙니다. 허리가 너무 아파서 수업도 제대로 들을 수 없는 학생이 있다고 해 볼까요. 앉아 있는 것 자체가 너무 힘든 거예요. 부모님은 아이를 병원에 데려가 비싼 돈을 지불하고 자기 공명 영상(MRI)을 찍죠. 물론 디스크 4번, 5번이 튀어나와서 신경을 누르고 있다는 결과가 나올 수도 있습니다. 그렇지만 이 학생의 경우는 아무 이상이 없어요. 침도 맞고 병원도 계속 다니면서 힘든 시간을 보내지만, 원인은 나오지 않아요. 그런데 그 학생이 대학에 진학해 엠티 한 번 다녀오더니 허리 통증이 싹 사라져요. 이건 어떻게 설명해야 할까요?

우리는 아프기로 마음먹을 수 있어요. 무슨 말인지 아시죠? 아프기로 작정하면 아플 수 있어요. 하루 만에 툴툴 털고 일어날 수 있는데 몇 달 동안 아프게 만들 수도 있어요. 내 몸이라 내가 마음대로 하는 거죠. 그런데 그게 의식적인 게 아니라는 점이 문제입니다. 나도 지금 무슨 일이 일어나는지 모르는 거예요. 그때 사람들이 프로이트를 찾아갔던 겁니다. 그리고 자유 연상을 통해 왜 아프기로 작정했는지 풀어냈던 거지요. 프로이트는 이렇게 대화로 분석을 진행하면서 무의식 속에 있는 이야기들을 알아 가는 치료를 정신분석이라고 불렀어요.

그리고 1900년, 드디어 정신분석이라는 학문에서 가장 중요한 책이 출간됩니다. 바로 『꿈의 해석』입니다. 사실 이 책은 1899년에 겨울에 출간되었어요. 그런데 프로이트는 1900이라는 숫자를 선호했어요. 세기가 바뀌잖아요. 그다음 세기의 가장 중요한 책이 되리라는 자신감이라고 할까요. 그래서 1900년이라고 찍어 인쇄했죠. 그는 이 책에서 환자들 이야기를 분석한 방식으로 자신의 꿈을 분석했어요. 아픈 사람들뿐만 아니라 우리 모두가 다 비슷한 방식으로 자기 마음을 분석할 수 있기 때문입니다.

그 뒤 그는 한 걸음 더 나아갑니다. 1901년에는 『일상생활의 정신 병리학』이라는 책에서 꿈뿐만 아니라 일상생활 일반을 정신분석학의 방법론으로 분석할 수 있다고 주장한 거예요. 그는 살아 있는 사람뿐만 아니라 소설도 분석하고 조각도 분석하고 예술가도 분석했어요. 레오나르도 다빈치(1452~1519) 분석, 미켈란젤로(1475~1564)의 〈모세상〉 분석, 성서에 나오는 모세라는 인물 분석 등 모두 꽤 재미있답니다.

그는 임상 연구 결과도 꾸준히 출간했는데, 다섯 가지 사례 연구가 유명해요. 우선 히스테리 사례인 도라 분석이 있고, 공포증 사례인 한스 분석, 그리고 강박증* 사례인 쥐인간 분석이 있어요. 또 정신병 사례로 슈레버 판사의 자서전 분석이 있고, 마

---

* 신경증의 한 종류로, 자신 안에 갇힌 삶을 살면서 스스로 만든 수많은 규칙들로 자신을 얽어맨다.

지막으로 유아 신경증* 사례인 늑대인간 분석도 있습니다. 이렇게 분석을 진행해 가면서 그는 「무의식」, 「억압」과 같은 논문을 한 편씩 발표했어요. 웬만큼 분량이 모이면 『정신분석 강의』 같은 이론서도 발표했고요. 정말 바빴겠죠? 거기다 편지도 써야 하고 분석가들과 매주 세미나도 해야 하잖아요. 프로이트 전집은 이렇게 정신없이 달려온 프로이트의 발자취가 고스란히 보존된 기록입니다.

한편 독일어 전집은 영어 전집보다 좀 허술해요. 개정판을 낼 때마다 프로이트는 문장을 추가하고 설명을 보완했는데, 독일어 전집에는 후기 수정본이 추가되어 있지 않아요. 그래서 프로이트의 생각이 어떻게 변하는지 한눈에 알 수가 없죠. 프로이트 전집은 한국어로도 번역되어 있어요. 프로이트의 문장 자체가 워낙 좋아서 역서들 중 어떤 책을 잡아도 재미있습니다.

그런데 모든 사람들이 프로이트의 이론을 반긴 것은 아니에요. 『꿈의 해석』도 처음에는 별 관심을 받지 못했어요. 사실 지금도 가끔 정신분석이 정식 학문이 아닌 것처럼 비판하는 목소리를 들을 때가 있어요. 그런 비판이 터무니없는 건 아니랍니다. 프로이트 전집에는 정말 이상한 이야기도 있거든요. 아무래도 그 점을 조금 짚고 넘어가야겠네요.

---

* 신경증은 신체적인 원인이 아니라 심리적인 원인 때문에 신체 증상이 나타나는 현상으로서, 강박증, 히스테리, 공포증으로 구분된다.

프로이트는 성(sexuality) 또는 성욕에 관한 이야기를 많이 했어요. 한동안 모든 히스테리 증상이 다 성적인 원인에서 비롯된다고 주장하는 바람에 브로이어와 결별하기도 했고요. 브로이어는 사례들을 그런 식으로 일반화하면 안 된다고 충고했어요. 그렇지만 프로이트는 뭘 한번 생각하면 아무 말도 듣지 않는 사람이었어요. 문제는 이뿐이 아니었어요. 암 환자를 진료하며 그 사람의 증상이 마음의 병이라고 우기는 바람에 환자가 목숨을 잃은 경우도 있었습니다.

프로이트의 끔찍한 잘못을 하나 더 들려드릴게요. 프로이트에게는 이상한 친구가 한 명 있었어요. 베를린의 이비인후과 의사인 빌헬름 플리스(1858~1928)라는 사람이었는데, 프로이트는 그와 수많은 편지를 주고받으며 신뢰를 쌓아 가죠. 프로이트는 플리스의 이론을 맹신했어요. 문제는 그 이론에 정말 우습고 말도 안 되는 헛소리도 있었다는 겁니다. 예를 들어 플리스는 한 논문에서 콧속에 있는 갑개골이라는 뼈를 조금 제거하면 히스테리 증상이 사라진다고 주장했어요. 그런데 그가 그런 논문을 썼다는 것보다, 프로이트가 정말로 그 논문대로 환자를 치료했다는 게 더 큰 문제였죠.

프로이트는 자기를 찾아온 엠마 엑슈타인이라는 환자에게 '요즘 대세'인 이론이 있는데 그 치료를 받으면 분명히 나을 거라고 확신을 주었습니다. 엠마가 동의하자, 플리스에게서 갑개

프로이트와 플리스

프로이트와 플리스는 한동안 매우 친한 사이였고,
수많은 편지를 서로 주고받았다. 학계에서도 사회에서도
인정받지 못하던 시절의 프로이트에게 플리스는 자신을 인정해 주는
소중한 존재였다. 왼쪽이 프로이트고, 오른쪽이 플리스다.

골 제거 수술을 받게 만들어요. 수술 후 엠마는 정기적으로 프로이트에게 와서 분석을 받았는데, 증상이 호전되기는커녕 엠마가 자꾸 통증을 호소하는 거예요. 프로이트는 계속 마음의 병이라고 우겼어요. 그런데 어느 날 엠마가 분석실에 들어왔을 때 방 전체에 썩은 냄새가 진동을 하게 됩니다. 그리고 프로이트는 엠마의 콧속에서 흰색 실오라기 한 올이 삐져나와 있는 걸 보게 되죠. 나중에 알고 보니 그건 플리스가 수술 부위를 봉합하기 전 실수로 콧속에 남겨 둔 50센티미터가량의 거즈였어요. 그냥 봉합한 탓에 콧속에서 거즈가 썩은 거죠.

이런 큰 실수들은 프로이트를 아주 오랫동안 괴롭힙니다. 프로이트의 꿈에도 나와요. 너무 괴롭다 보니 그는 자신을 분석하게 됩니다. 프로이트의 분석은 이런 식으로 실수와 괴로움과 번민 속에서 진행돼요. 그리고 그 과정에서 그는 정신분석이라는 방법론을 이론화한 거고요.

프로이트는 모든 사람이 '오이디푸스 콤플렉스'를 가지고 있다는 주장도 했어요. 오이디푸스 콤플렉스란 우리 모두 자신의 성과 반대인 부모를 사랑하고 성이 동일한 부모와 경쟁한다는 이론이에요. 사실 이것은 프로이트 자신의 이야기죠. 프로이트는 실제로 어머니를 지나치게 사랑했고 아버지를 몹시 미워했거든요. 그걸 모든 사람이 그렇다며 일반화해 버린 겁니다. 프로이트의 이 주장은 많은 비판을 받았습니다.

프로이트의 글을 읽을 때 한 가지 조심할 점이 있습니다. 그

를 전적으로 믿고 따라가서는 안 된다는 거예요. 그냥 따라가
다 보면, 플리스한테 코 수술을 받게 돼요! 우리가 봐야 하는 건
'아, 그렇게 괴로웠겠구나. 그래서 이런 꿈이 나왔구나.'까지입
니다. 그리고 그 방법론을 이용해서 우리 자신을 들여다보는 거
예요.

프로이트의 잘못도 보게 하는 정신분석학

많은 학자들이 프로이트를 곧이곧대로 믿어 왔어요. 프로이트가
주장하는 오이디푸스 콤플렉스나 성 이론을 마치 정답인 것처럼
실제 환자 분석에 이용하기도 하고, 영화와 문학에 그대로 적용
하기도 했어요. 그러나 그런 태도는 위험하답니다. 왜냐하면 프
로이트도 사람인지라 틀릴 수도 있기 때문이에요. 물론 그런 방
식의 분석이 정말로 작품을 잘 보게 할 수도 있고, 환자의 증상
이 호전되도록 돕기도 해요. 그 작품과 그 환자에게는 그런 해석
이 맞았던 거죠. 전체 인구 가운데 몇몇, 전체 작품들 가운데 몇
작품에는 그게 딱 맞는 해석일 수도 있잖아요. 제 말은 프로이트
의 이론들이 모두 틀렸다는 말도, 절대적으로 옳다는 말도, 모두
적절하지 않다는 겁니다.

정신분석학은 방법론이에요. 프로이트에 대한 여러 비판에
수긍하게 되는 이유는 정말로 프로이트가 자주 틀렸기 때문이
에요. 그러나 그건 프로이트가 창시한 정신분석이라는 방법론이
모두 엉터리라는 뜻은 아닙니다. 정신분석은 프로이트가 만들긴

했지만, 프로이트라는 개인보다 큰 이론이랍니다.

프로이트는 실수를 많이 했어요. 그러나 그의 실수를 드러내고 그걸 분석한 이론 자체가 정신분석학이었죠. 프로이트를 읽다가 믿어지지 않는 부분, 정말 이상한 부분이 나올 때 어떻게 해야 할까요? 네, '프로이트가 또 시작이네.' 하고 그냥 넘어가거나, 화가 많이 난다면 혹독하게 비판하면 됩니다. 프로이트를 비판하게 하는 이론, 프로이트의 잘못을 보게 해 주는 이론도 정신분석학입니다. 재미있죠? 자신을 오래 분석했는데도 그는 자기가 무얼 했는지 거리를 두고 찬찬히 살필 겨를은 없었어요. 이제 프로이트가 조금은 가깝게 느껴지나요? 다음에는 『꿈의 해석』이 우리에게 어떤 도움을 주는지 알아봅시다.

『꿈의 해석』의 지도 3

별들에게 물어봐?

『꿈의 해석』은 꿈풀이 해설서가 아니랍니다. 실망하는 분도 있나요? 우린 항상 얼른 답을 알고 싶어 하잖아요. 그래서 타로 점도 보고, 별에게도 물어보고, 혈액형으로 판단하기도 합니다. 내 짝은 A형이라 그런 거였군요. 우리 누나 별자리는 처녀좌니 분명 결혼을 늦게 하겠네요. 어머니께서는 오늘 신문 운세에 금전적인 손실을 본다고 써 있다시며 밖에 나가지 않겠다세요. 아버지께서는 어제 돼지꿈을 꾸셨다고 복권을 사러 나가셨어요. 나는 점을 봤더니 동쪽에 있는 대학에 가래요. 이런 풍경 어떤가요? 온 가족이 '신탁'을 받는 신화적인 가정이군요.

프로이트는 이 책에서 그런 단정적인 해석들을 비판한답니다. 그는 '꿈 사전'을 싫어해요. 물론 프로이트도 사람들에게 공통으로 해당하는 상징이 있다는 것은 인정합니다. 그건 어릴 때부터 그렇게 들어 왔기 때문에 머릿속에 공통으로 남아 있는 이야기죠. 전설, 신화, 민담이 모두 그런 이야기에 속합니다.

그러나 프로이트는 상징의 의미를 과대평가해서는 안 된다고 강조해요. 개인의 연상을 가장 중요한 곳에 놓고, 관련된 상징은 보완하는 측면에서만 고려하라고 말하네요. 그런 상징들을 이야기할 때도 유연성을 잃지 말아야 하며, 결코 일반화해서는 안 된다는 거죠. 무엇보다 개인의 경험을 더욱 중요하게 생각해야 한다는 뜻입니다. 프로이트는 어떻게 그 사람의 사연을 들어보지도 않고 보편적인 답을 제시할 수 있냐고 반문합니다.

사람은 보고 싶은 것만 보기 때문에, 내 짝의 모습 가운데 A형의 특질이라고 생각되는 요소만 골라서 모아 놓고 그것들에서 답을 구하게 돼요. 물론 그건 친구의 진짜 모습이 아니죠. 그렇게 판단하고 나면 그 친구의 고유한 개별성과 그 속의 아름다움을 읽어 내지 못하게 됩니다. 그를 이해할 수 없게 되는 거예요. 그를 소심하고 말수가 적은 사람으로 정의해 버리면, 그 아이를 그렇게 만든 게 뭔지 생각할 수 없게 되겠죠.

우리 누나는 별자리가 처녀좌니 분명 결혼을 늦게 하겠다고 말하면, 아마 프로이트는 그렇게 말하는 사람을 무서운 눈으로 쏘아볼 겁니다. 그는 비과학적인 걸 정말 싫어했거든요. 만약 누나의 마음이 어떤지 잘 이해하는 동생이라면 이렇게 생각할 수도 있죠. '증조할머니는 18살에 결혼해서 22살에 돌아가셨고, 할머니는 20살에 결혼해서 25살에 돌아가셨지. 이모도 24살에 결혼해서 30살에 돌아가셨는데, 엄마는 아직 건강하셔. 엄마는 당신이 30살 이후에 결혼해서 목숨을 건졌다고 말씀하시곤 해. 그렇다면 평생 그런 소리를 듣고 자란 누나는 절대로 일찍 시집가진 않을 거야.' 아마 프로이트가 감동의 탄성을 내지르며 머리를 쓰다듬어 주었을 겁니다. 바로 이게 정신분석이거든요. 이것은 프로이트가 꿈을 분석하는 방식이기도 하답니다.

꿈을 해석하는 이유

『꿈의 해석』은 개별적인 꿈을 어떻게 분석하는지 알려 주는 책입니다. 즉 꿈꾼 사람을 이해하려고 노력하는 책이에요. 그 사람의 개별성과 고유성을 이해하고, 뭐가 문제인지, 뭐가 그 사람을 괴롭게 하는지, 어떤 생각을 하며 사는지 살피는 방법을 알려 주죠.

꿈에는 현재의 문제와 그 문제를 대하는 내 마음의 상태가 그려집니다. 안타까운 건 『꿈의 해석』에서 지금 우리의 상황과 꼭 맞는 사례들을 많이 볼 수 없다는 점이에요. 프로이트가 제시하는 꿈 사례들을 보면 조금 실망할지도 몰라요. 정말 내 이야기처럼 느껴지지 않을 수도 있어요. 반 아이들에게 따돌림을 당해 계속 악몽을 꾸고 며칠째 가위에 눌리다 이 책을 잡았다면 화가 날 겁니다. 도와줄 수 있는 사례가 없는 것처럼 보이거든요.

그러나 중요한 것은 꿈을 분석하는 방법이랍니다. 제가 가상의 사례를 하나 제시해 볼게요. 주인공은 다문화 가정에서 자란 중학교 2학년 남학생 A입니다. 그에게는 여러 가지 문제가 있습니다. 반에서는 따돌림을 받고 있으며, 어머니께 자신의 문제를 상의할 수도 없어요. 어머니께서 자신을 사랑하시지 않는다고 생각하거든요. 어제 아이들은 이 학생의 급식에 모래를 뿌렸고, 가방 속에 쓰레기를 넣어 괴롭혔어요. 그날 밤 A는 다음과 같은 꿈을 꿉니다.

아이들이 A를 둘러싸고 소리를 지르는데, A는 그걸 듣지 않으려고 귀를 막고 있어요. 그러다 한마디가 들리는데, "너 때문이야."라고 말하는 듯해요. 그래서 "왜 나 때문이야?"라고 소리지르고 싶었죠. 죽을힘을 다해 소리를 질렀는데, 아이들이 알아듣지 못해요. 소리를 지르다 꿈에서 깬 A는 자기가 한국어가 아니라 어머니의 모국어로 소리 질렀다는 걸 깨닫습니다.

이 꿈의 주제는 소통입니다. 이 학생은 한국말도 어머니의 모국어도 모두 할 수 있습니다. 그렇지만 꿈에서는 한국말을 해야 할 때 외국어를 하고 있어요. 분노하지만 자기 의사를 표현하고 전달하지 못하네요. "너 때문이야."라는 말은 언젠가 삶을 힘겨워 하시던 어머니께서 A에게 한 말입니다. 그때 들었던 그 말과 철없는 반 아이들의 행동이 겹쳐서 꿈에 나타났습니다. 꿈은 A가 무엇을 가장 힘들어하는지 알려 주고 있어요. 그 문제를 해결해야 합니다. A가 죽을힘을 다해 소리치는 말은 "아니야, 나 때문이 아니야."입니다. 어머니와 반 아이들에게 그렇게 말하고 싶은 거예요. 물론 A 때문이 아닙니다. 어머니께서 괴로우셨던 이유는 무엇보다도 다문화 가정의 구성원들을 보호하는 정책과 제도가 제대로 갖추어져 있지 않기 때문입니다.

A는 할 일이 많습니다. 꿈은 많은 숙제를 내고 있죠. 일단 어머니와 소통해야 하고, 반 아이들과도 소통해야 합니다. 꿈에서 A는 평소 일부러 한마디도 하지 않던 어머니의 모국어를 쓰고 있습니다. 마음은 항상 어머니를 향하고 있었던 겁니다. 어머니와 아이들에게 말을 걸기 시작하고 A 주위에 친구들이 하나둘 늘어 가면, 자신을 따돌리는 아이들에 대해 어떤 대책을 세워야 할지 생각해 볼 여유가 생기게 돼요. A를 따돌리던 아이들도 A가 당당히 자신의 모습을 드러내고 소통하기 시작하면 예전과 같이 행동하지 못할 겁니다. 나아가 다문화 가정의 구성원들이 겪는 어려움을 잘 알고 있는 A는 제도적 문제를 해결하기 위해 그를 도와줄 사람들과 손을 잡고 연대할 수도 있습니다. 꿈 한 자락으로 시작했는데 앞날의 이야기가 함께 펼쳐지네요. 여기서 중요한 것은, 우리가 어디쯤 있고 어디로 가면 좋을지 알려 주는 지도가 바로 꿈이라는 거예요. 우리가 꿈을 해석하는 이유도 여기에 있습니다.

프로이트는 『꿈의 해석』에서 꿈을 분석하는 방식을 전달하기 위해 여러 가지 꿈을 사례로 들어 얘기합니다. 그 사례가 내 이야기처럼 느껴지지 않는다고 실망할 필요는 없어요. 프로이트가 제시하는 꿈 분석 방식을 우리의 꿈속 얘기를 읽어 내는 데 똑같이 사용할 수 있으니까요.

「꿈의 해석」의 구성

이제 『꿈의 해석』의 구성을 전체적으로 살펴봅시다. 프로이트가 책을 쓰는 방식은 언제나 놀라울 정도로 정밀하고 체계적입니다. 책의 첫머리는 논문 쓰기의 정수를 보여 주고 있죠. 프로이트는 어떤 책에서도 자기 이론을 먼저 내세우지 않아요. 그게 프로이트의 글쓰기 전략입니다. 자기 이론을 믿어 달라는 식의 호소도 하지 않고요. 새로운 이론은 항상 책의 마지막에 나옵니다. 책의 앞머리에서는 정밀한 자료 조사를 제시하죠.

『꿈의 해석』도 1장은 '꿈의 문제들을 살펴보는 과학적 문헌들'로 구성됩니다. 지금까지 사람들이 꿈이라는 것을 어떻게 생각해 왔고, 어떤 글들을 써 왔는지 조사한 내용이에요. 여기서 프로이트는 꿈과 깨어 있는 상태의 관계, 꿈의 재료, 기억, 꿈의 자극과 근원, 꿈을 망각하는 이유, 다양한 꿈 이론과 그 기능들을 다룬 다른 사람들의 기록을 조목조목 설명하고 있어요. 그리고 이를 바탕으로 1장의 결론을 내립니다. 꿈은 무시해서는 안 되는 아주 심각한 영역이며, "우리는 꿈을 해석할 수 있다." (96/100)는 거죠.

객관적인 것처럼 보이지만, 사실 이 부분은 방향성이 뚜렷해요. 프로이트는 늘 자기 이론이 아주 자연스럽게 받아들여질 수 있을 때까지 잘 준비한 다음, 맨 마지막에 "그러니까 그렇게 생각할 수밖에 없는 것이다."라고 말합니다. 사실은 자기 이론에 대한 생각으로 먼저 책의 중심을 잡았을 겁니다. 그걸 말하려고 다른 내용들을 전략적으로 배치하는 거고요. 무척 치밀하게 책을 구성하니까 따질 수가 없어요. 그냥 "아아!" 소리만 내다가 프로이트가 잘 준비한 길을 따라 마지막 장까지 이르게 되죠.

2장 '꿈 해석 방법: 꿈 분석 예시'에서는 자기 꿈을 하나 소개하고 정밀하게 분석합니다. 이 꿈은 '이르마의 주사'라고도 알려져 있어요. 이르마라는 가명으로 소개되는 환자는 엠마 엑슈타인입니다. 플리스가 저지른 의료 사고로 코 수술을 두 번이나 했던 프로이트의 환자죠. (우리는 나중에 10장에서 이 사례를 자세히 살펴볼 겁니다.) 엠마의 사례를 분석하고 나서 프로이트는 결론을 제시합니다. "꿈 해석 작업을 마칠 때 우리는 꿈이 언제나 소원의 성취와 관련된다는 것을 알게 된다."(121/126)

3장의 제목도 '모든 꿈은 소원 성취와 관련된다'입니다. 짧은 사례들이 다수 제시되는데, 여기에는 프로이트와 그의 가족 사례도 포함되어 있어요.

4장은 '꿈의 왜곡'으로 더 많은 꿈 사례들이 제시되죠. 프로이트는 이제 본격적으로 복잡한 꿈 분석을 시도합니다. 이 과정에서 정신분석의 보편적 방법론이 하나씩 구축되어 간답니다.

5장에서 프로이트는 '꿈의 재료와 꿈의 출처'를 찾아봅니다. 이와 관련하여 최근의 경험, 사소한 것처럼 보이는 재료, 유아기의 기억, 신체 자극, 전형적인 꿈 내용 등을 살펴보죠. 그는 꿈의 어떤 부분도 사소하지 않으며, 가장 중요한 꿈 재료는 최근의 경험과 유아기의 기억이라고 말합니다.

6장에는 『꿈의 해석』 가운데 가장 중요한 내용이 나옵니다. 바로 '꿈 작업'입니다. 『꿈의 해석』은 모두 621쪽 분량의 책인데, 1장의 꿈 관련 문헌 조사가 95쪽을 차지합니다. '이르마의 주사'를 소개하는 2장은 25쪽이고, 3장은 11쪽이에요. 4장은 28쪽이고, 5장은 113쪽으로 조금 길군요. 그런데 그다음 장인 '꿈 작업'은 277쪽에서 시작해 508쪽까지 이어진답니다. 무려 231쪽 분량이지요. 분량으로만 보더라도 이 책에서 가장 중요한 부분은 바로 6장 '꿈 작업'이랍니다. 여기에는 꿈을 해석할 때 가장 중요한 과정인 압축·전치·표현 가능성에 대한 연구·2차 가공이 포함되는데, 앞으로 우리는 이 각각을 살펴볼 겁니다. 꿈이 어떤 방식으로 만들어지는지 설명한 내용이죠.

마지막 장인 7장 '꿈 과정의 심리학'은 113쪽으로 1장, 5장과 비슷한 분량이에요. 7장에서 프로이트는 꿈의 과정을 이론적으로 정리하고 있어요. 꿈의 망각, 퇴행, 소원 성취, 억압, 무의식, 의식, 전의식 같은 주요 이론들이 언급됩니다.

6장 '꿈 작업'이 길어진 이유는 프로이트가 개정판을 출간할 때마다 자꾸 새로운 내용을 덧붙였기 때문이에요. 프로이트는 아예 제목과 순서까지 다 바꾸고 싶지만, 책을 처음 계획했던 시기의 생각을 존중해서 그냥 놔둔다고 말하기도 했어요.

저도 『꿈의 해석』을 다시 읽으면서 순서가 조금 바뀌면 좋겠다는 생각을 했답니다. 프로이트의 전략이나 집착을 제외하고, 정말 대중에게 효과적으로 꿈 분석 방법을 전달하려면 각 장에 계속 반복되는 꿈 사고와 꿈 내용을 중심으로 전체를 다시 구성하는 게 좋겠다고 판단했죠. 마음속 이야기와 그 이야기가 드러나는 방식을 먼저 언급한 뒤에 꿈 작업을 설명하고, 그다음에 꿈 작업에서 사용하는 재료와 꿈의 출처를 배치하면 좋겠더라고요. 그 뒤 세부적인 언어 분석을 설명하고, 마지막으로 꿈 과정의 심리학에 나오는 이론을 정리하는 게 어떨까 생각했어요. 그래서 저는 이 책을 그렇게 구성했습니다.

저는 1부에서 프로이트와 꿈에 대한 개괄적인 이야기들을 설명하고, 2부에서 『꿈의 해석』을 살펴보았어요. 그리고 『꿈의 해석』에 언급된 프로이트의 꿈 분석 사례를 모아서 3부를 만들었고, 4부에서는 『꿈의 해석』을 일상생활에서 어떻게 활용할 수 있는지 보여 주고자 했습니다. 지금 우리는 1부에 있어요. 『꿈의 해석』을 본격적으로 읽기 전에 알아 두면 좋을 이야기를 해 보는 시간이죠.

제가 『꿈의 해석』을 읽으며 이상하게 생각했던 것은, 프로이트가 이론적인 기반과 관련해서는 매우 정밀하게 구조를 짜서 조심스럽게 전달하는 반면, 가끔 책의 여기저기에서 아주 과감한 주장을 편다는 점이었어요. 물론 그때도 프로이트는 그렇게 말한 사람들이 있었다는 걸 상기시키며 자기편을 들어 줄 이론가들의 이름을 제시합니다. 그렇다 해도 파격적인 느낌은 피할수가 없습니다. 이 이론 저 이론을 비교하다가 갑자기 "그래서 내 생각에는……"이라고 말하며 과감한 주장을 하는 거죠.

"모든 꿈은 소원 성취와 관련된다."고 하거나 우리가 모두 오이디푸스라고 주장하는 부분이 그렇습니다. 자기 꿈에서 시작해 이론이 탄생하는 가장 대표적인 사례가 바로 프로이트의 오이디푸스 콤플렉스랍니다. 오이디푸스 콤플렉스의 시작이 바로 『꿈의 해석』이에요. 프로이트는 5장에서 사랑하는 사람이 죽는 꿈을 꾸는 경우에 대해 언급하며, 이 경우 사실 꿈꾼 이의 무의식 속에서 그 사람의 죽음을 바라는 마음이 있었을 것이라고 설명합니다. 아버지의 죽음을 바라는 꿈, 어머니를 향한 사랑을 확인하는 꿈을 꾼 프로이트는 그게 바로 오이디푸스 신화와 관련된다고 생각했어요. 그리고 이를 일반화해서 모든 사람이 그런 소원을 품고 있다는 주장을 하게 되죠. 이 문제를 한번 짚고 넘어갑시다.

오이디푸스 이야기

프로이트는 언제나 자기를 분석했어요. 꿈과 관련된 옛일을 떠올리며 왜 그런 꿈이 만들어졌는지 이해하기 위해 구체적으로 내용을 파고들었죠. 그래서 좀 심하다 싶을 만큼 모든 것에 대해 그 이유를 찾으려 노력합니다.

『꿈의 해석』에는 프로이트가 기원전 3세기경에 살았던 카르타고의 장군 한니발(기원전 247~기원전 183?) 이야기를 하는 대목이 있습니다. 그때 그는 한니발의 아버지 이름 대신 한니발의 매형 이름을 적는 실수를 저질렀어요. 그냥 넘어갈 프로이트가 아니죠. 그는 1년 후에 출간한 『일상생활의 정신 병리학』에서 이 실수를 분석합니다.

프로이트는 늘 아버지가 창피했어요. 그에게 아버지는 돈도 없고 용기도 없고 어깨 펴고 당당하게 말 한번 하지 못하는 시시한 사람이었어요. 프로이트에게는 자기 어머니보다 나이가 많은 이복형이 있었는데, 그는 영국에 살았어요. 프로이트는 그 형과 조카를 무척 좋아했습니다. 가끔은 자기가 어쩌면 형의 아들일지도 모른다고 상상하기도 했어요. 프로이트 책에는 영국 여행이나 형과 조카 이야기가 아주 호의적으로 나와요. 형이 좋았던 거죠. 이런 배경을 설명하면서 그는 이복형이 아버지라면 좋겠다는 생각 때문에 이름을 바꾸어 적는 실수를 했던 것이라고 분석합니다.

자신을 분석하면서 프로이트는 자기가 아버지를 증오한다는 사실을 깨달았어요. 나아가 그와 경쟁하고 있다는 것을 이해하게 되죠. 누구를 두고 벌이는 경쟁일까요? 물론 어머니입니다. 어머니의 모습을 보는 또 다른 꿈은 성적인 느낌이 강해요. 프로이트는 정말 못 말리는 사람 같아요. 여기서 멈추지 않고 분석 과정에서 떠오르는 모든 이야기들을 그냥 말로 해 버리거든요. 자기가 이성을 사랑하듯 어머니를 사랑했고, 어머니를 두고 아버지와 경쟁했다고 말하네요.

이상한 것은 이 꿈이 7~8살쯤에 꾼 꿈이고, 그것을 분석한 것은 30년도 더 지나서라는 점이죠. 어제 꾼 꿈이 아니잖아요?

프로이트와 그의 부모

프로이트는 자신을 기죽이는 아버지를 미워하고,
젊고 아름다운 어머니를 사랑했다. 왼쪽은 아버지와
찍은 사진이고, 오른쪽은 어머니와 찍은 사진이다.

또 어린아이의 꿈인걸요. 그런데 프로이트는 매우 진지합니다. 그는 뭔가 대단한 발견을 했다는 느낌도 받았죠. 그래서 허튼소리를 참 많이 한 이상한 친구 플리스에게 편지를 써서 자기가 아무래도 보편적인 진리를 알아낸 것 같다고 말해요. 그러면서 하는 말이 고전 중에 자신의 생각이 고스란히 담긴 작품이 있다는 거예요. 그게 바로 소포클레스(기원전 496?~기원전 406?)의 『오이디푸스 왕』입니다.

오이디푸스 신화에서 테베의 왕 라이오스는 만약 아들이 태어나면 아버지를 죽이고 어머니와 결혼하게 될 것이라는 신탁을 받아요. 그런데 사내아이가 태어나고 말죠. 물론 그는 아이를 내다 버려요. 그러나 이런 종류의 이야기들이 늘 그렇듯이, 목동이 아이를 살려 줍니다. 아이는 코린토스의 왕궁에서 자라게 됩니다. 그런데 오이디푸스가 장성했을 때 그 또한 같은 내용의 신탁을 받습니다. 오이디푸스는 코린토스의 부모를 보호하기 위해 집을 떠나죠.

여기저기 떠돌다 그가 도착하는 곳이 테베입니다. 오이디푸스는 테베로 들어가기 전 사소한 말다툼 끝에 사람을 죽이는데, 그가 바로 친아버지인 라이오스 왕입니다. 그리고 스핑크스가 낸 수수께끼를 풀어 테베의 저주를 풉니다. 마침 과부가 된 아름다운 왕비가 있네요. 영웅은 왕비와 결혼하고, 딸 둘과 아들 둘을 낳습니다.

새로운 왕은 지혜로운데, 어찌 된 일인지 테베는 역병에 시

달리며 저주받은 도시가 되어 갑니다. 이 부분에서 소포클레스의 『오이디푸스 왕』이 시작돼요. 신탁을 청했더니, 라이오스 왕을 죽인 범인을 잡지 않았기 때문이라는군요. 이 비극은 오이디푸스가 사건의 전모를 알게 되는 과정을 그린 작품입니다. 프로이트는 『오이디푸스 왕』을 인용하면서, 만약 모든 아들의 꿈이 어머니와의 동침이 아니라면 어떻게 몇천 년 전에 이런 작품이 나올 수 있었겠느냐고 묻습니다.

그러니 그대는 어머니와의 결혼을 두려워하지 마세요.
이미 많은 사람들이 꿈속에서 어머니와 동침했으니까요.
하나 이런 일들을 아무렇지도 않게 여기는 자라야
인생을 가장 편안하게 살아가는 법이에요.[*]

어머니를 향한 성적인 사랑은 보편적인 경향이라는 거죠. 그렇게 되면 아버지를 향한 증오도 당연해 보입니다. 그게 바로 오이디푸스 콤플렉스입니다. 프로이트는 너무나 의기양양하게 이것을 다음과 같이 이론화합니다.

시인이 과거를 풀어낼 때, 그는 오이디푸스의 죄를 드러내게 됩니다. 동시에 그는 우리로 하여금 우리 자신의 내면을 들여

---

[*] 소포클레스, 천병희 옮김(1998), 『소포클레스 비극』, 단국대학교 출판부, 59쪽. 프로이트는 첫 행은 제외하고 그다음 행부터 인용했다. 『꿈의 해석』(264/270) 참조.

〈오이디푸스 왕〉

피에르 오귀스트 르누아르, 1895

자신의 아버지를 죽이고 어머니와 결혼한 오이디푸스!
어머니이자 아내인 이오카스테가 자살하고, 그녀의 브로치로 눈을 찔러
실명한 오이디푸스가 궁전을 떠나는 모습이다. 프로이트는 이 비극에
'모든 인간의 보편적인 소망'이 담겨 있다고 주장했다.

다보게 하는데, 그곳에서 우리는 동일한 충동이 억압되어 있는
모습을 대면하게 됩니다.(263/269)

　　모두 다 그렇다는 거예요. 그렇지 않다면 왜『오이디푸스 왕』
이 아직까지도 고전으로서 우리에게 감동을 주겠느냐는 겁니다.
　　여기서 잠깐 멈추지 않을 수 없습니다. 여러분도 저만큼 이
런 이야기가 이상하게 들리는지 물어보고 싶네요. 이상하지 않
으세요? 이제 이론이 된 오이디푸스 신화는『햄릿』이라는 작품
을 분석하는 데 적용됩니다.

햄릿 이야기

가만히 생각해 보면 프로이트는 자신의 사례를 분석해서 그것을
보편화했어요. 이론으로 만든 다음, 그 이론을 환자들의 치료에
적용했죠. 그렇게 보편화하는 과정에서『오이디푸스 왕』과 함께
중요한 역할을 하는 또 다른 작품이 바로『햄릿』입니다. 프로이
트는 이렇게 말합니다.

　　또 다른 위대한 비극인 셰익스피어의『햄릿』도『오이디푸스
　　왕』과 동일한 기반 위에서 창작되었습니다.(264/271)

　　『꿈의 해석』에서 프로이트는 아주 조심스럽게 오이디푸스
이야기를 꺼낸 다음, 갑자기 정색을 하고는 그것이 인류의 보편

적인 소원을 설명해 준다는 주장을 펼칩니다. 이어서 프로이트 는『햄릿』을 분석하면서 셰익스피어 같은 위대한 작가도 오이디 푸스 콤플렉스의 보편성을 작품에 담았다고 주장합니다. 이 이 론은 프로이트가 죽을 때까지 정신분석의 중심축이 됩니다. 믿 어야 하냐고요? 일단 햄릿 이야기를 해 드릴게요. 그 후 다시 생 각해 봅시다.

『햄릿』을 읽는 독자는 "왜 햄릿은 선왕의 복수를 망설이는 가?"라는 의문을 품게 됩니다. 400년 동안 아무도 시원한 답을 내놓지 못했어요. 햄릿의 아버지는 동생에게 살해당했습니다. 범인은 햄릿의 숙부입니다. 아버지의 혼이 나타나 햄릿에게 복 수를 요청하죠. 왕의 죽음을 애도해야 하는 시기에 숙부는 햄릿 의 어머니, 그러니까 형수와 결혼합니다. 그냥 복수하면 될 텐 데, 햄릿은 이 작품이 거의 끝날 때까지 복수를 망설입니다. 절 호의 기회가 왔을 때도 숙부를 못 죽이고, 행동하기보다는 밤새 도록 생각만 하는 햄릿이 참 답답해 보입니다. 도대체 왜 그렇게 망설이는지 많은 사람들이 다양한 의견을 내놓았지만, 모두 단 편적인 추측에 머물렀죠.

이때 우리의 프로이트 선생님께서는 오이디푸스 콤플렉스라 는 이론으로 단박에 해답을 얻을 수 있다고 하시네요. 오이디푸 스 콤플렉스의 전제는 모든 아이들이 이성의 부모에게 사랑의 감정을 느끼고, 동성의 부모에게는 증오의 감정을 품으며 그와 경쟁한다는 거예요. 그러나 아이는 곧 이 경쟁에서 자기가 이길 수 없다는 사실을 깨닫죠. 그래서 오히려 동일시를 통해 경쟁자를 모방하며 성숙한 어른으로 자란다는 겁니다.

프로이트는 햄릿도 그런 콤플렉스를 안고 있었으리라고 전제합니다. 그렇다면 햄릿의 아버지를 죽이고 어머니와 결혼한 숙부는 바로 햄릿의 소원을 실제로 이루어 준 셈이죠. 햄릿은 자신의 소원을 대신 이루어 준 숙부를 결코 죽일 수 없다는 겁니다. 자신이 결백해야 숙부의 죄를 벌할 수 있을 텐데, 자기가 이미 무의식적으로 유죄이기 때문에 그의 죄를 물을 처지가 아니라는 거예요. 프로이트는 『햄릿』을 분석한 뒤 이제 드디어 이 작품의 전모가 드러났다며 좋아합니다. 그는 진심으로 오이디푸스 이야기가 모든 인간이 지닌 소원이라고 믿었어요.

그런데 제가 정신분석을 강의하면서 오이디푸스 콤플렉스를 설명할 때 학생들에게서 가장 많이 듣는 말이 "저는 전혀 그렇게 느끼지 않아요."입니다. 지금도 학생들이 의심스러운 표정을 지으며 고개를 갸우뚱하는 모습이 보이는 듯하네요. 햄릿은 정말로 그래서 숙부를 죽이지 못했을까요? 프로이트의 말처럼 우리는 모두 무의식적으로 이미 죄를 지은 셈일까요? 동성의 부모를 은연중에 증오했으니 말예요. 남자아이들은 곧잘 "나중에 엄마랑 결혼할래."라고 말하고 여자아이들은 "아빠한테 시집갈 거야."라고 말하죠. 이런 말을 그대로 정신분석이라는 학문의 근거로 삼아도 좋을까요?

여러분, 세상에는 많은 정신분석 학자들이 있고, 학자들은 저마다 자신의 방식대로 프로이트를 해석합니다. 8,000쪽에 이르는 전집에서 똑같은 부분을 강조하고, 똑같은 질문을 하는 학자들은 없습니다. 자기만의 방식으로 전집을 읽으며, 그것을 자기 경험과 관련짓고, 그 속에서 해석을 이끌어 내는 과정은 개별적인 특징을 띠게 될 수밖에 없어요. 실제로 모든 해석이 그렇죠.

결론을 말하자면, 앞에 언급한 프로이트의 실수와 한계에서 볼 수 있었듯이 프로이트의 이론은 단 하나의 정답이 아니에요. 그의 이론을 불변의 진리로 받아들이기보다는 8,000쪽의 내용 가운데 마음이 가는 대목을 선택해서 자기 방식대로 다양하게 해석하는 것이 더욱 바람직하다고 생각합니다. 프로이트의 이론이 이상하게 보이면 그냥 넘어가거나 보류해도 좋아요. 진심으로 그렇게 생각하지 않으면서 그냥 받아들여선 안 되죠. 인정해 버리고 그것을 작품 분석이나 환자 분석에 적용해서도 안 되겠죠. 물론 그 이론들이 정말로 믿어진다면 그렇게 해도 될 거예요. 그러나 의문이 생긴다면 질문해야 합니다. 판단은 여러분이 하면 돼요. 믿어지지 않는다면 일단 옆으로 밀어 두고 넘어가도 됩니다.

그런데 또 하나 문제가 있네요. 프로이트는 모든 꿈이 소원 성취와 관련된다고 합니다. 모든 꿈들은 예외 없이 다 꿈꾼 사람의 소원과 관련되어 있다는 겁니다. 정말 그럴까요?

『꿈의 해석』을 둘러싼 오해, 소원을 말해 봐!

『꿈의 해석』을 자유롭게 읽으려 할 때 가장 방해가 되는 선입견이 바로 "꿈은 언제나 소원 성취와 관련된다."(121/126)는 프로이트의 말이에요. 이 말이 하도 유명해서,『꿈의 해석』을 처음 접하는 독자들은 언제나 책 내용을 모두 이 표제와 관련해 이해합니다. 프로이트 자신이 책의 앞부분에서 한 장 전체에 걸쳐 모든 꿈이 소원 성취와 관련된다고 말하고 있어요.

제가 꿈과 관련된 강연에서 다양한 꿈 분석 예시들을 제시하면 항상 나오는 질문이 있습니다. "모든 꿈이 소원 성취 아니었나요?" 그런 요소가 있는 건 사실입니다. 그렇지만 그게 핵심은 아니랍니다. 소원과 관련된 이야기를 한마디도 하지 않는 꿈 해석도 많아요.

프로이트가 한 말을 모두 다 정답으로 받아들이면『꿈의 해석』에 담긴 보석 같은 내용들이 오히려 가려져 버린답니다. 우리가 이 책에서 배우게 되는 것은 꿈을 분석하는 방법이에요. 꿈에 왜 그런 인물이 나왔는지, 왜 그런 단어가 연상되는지, 왜 그 장소에 갔는지 등을 분석하다 보면 의식이 확신하던 이야기가 무너집니다. 그리고 숨어 있던 진실이 드러나죠. 이것이 바로 이 책이 우리에게 주는 선물이에요. 소원 성취라는 말을 아예 잊어버리면 『꿈의 해석』을 이해하는 데 훨씬 더 도움이 될 겁니다.

그렇다면 프로이트는 왜 모든 꿈이 소원 성취와 관련된다고 했을까요? 이 책은 프로이트가 꿈을 분석하면서 알게 된 것들을 하나씩 모아 놓은 연구서예요. 모든 꿈에는 소원과 관련된 부분이 있다는 걸 알게 되었을 때, 프로이트는 너무나 기쁜 나머지 빨리 그것을 이론화하고 싶었답니다.

앞 장에서 엠마 엑슈타인의 사례를 잠깐 언급했죠. 플리스라는 친구와 함께 프로이트는 엠마에게 필요하지도 않은 갑개골 제거 수술을 받게 했고, 또 플리스가 의료 사고를 일으키는 바람에 두 번째 수술을 받게 만들었습니다. 프로이트가 죄책감을 느끼고 있을 때, 그는 '이르마의 주사' 꿈을 꾸게 됩니다.

이 꿈을 분석하면서 프로이트는 꿈꾼 이가 원했던 내용이 꿈에 표현된다는 걸 깨달았어요. 꿈에서는 이르마가 고통받는 이유가 환자 자신이 잘못을 저질렀거나 다른 의사가 감염된 주사기를 썼기 때문이라고 나와요. 프로이트는 그것이 바로 자신의 소원이었다는 걸 분석해 내죠. 그렇게 되면 자기가 책임을 지지 않아도 되잖아요. 잘못을 피하고 싶은 마음과 죄책감을 떨쳐 버리고 싶은 마음이 꿈에 표현되었다는 걸 깨닫고, 그는 "모든 꿈은 소원 성취와 관련된다."고 말하며 자신만의 유레카를 외쳤습니다.

가만히 생각해 봅시다. 과연 여기서 소원 성취가 주제일까요? 진짜 주제는 '프로이트의 죄'입니다. 프로이트는 자기가 잘못했다는 걸 알아요. 그런데 미안하다고 말하기는커녕, 그런 죄의식을 벗어나고 싶어 하지요. 또한 그는 플리스에게는 아무 잘못이 없다며 그를 변호합니다. 그렇지만 마음속 깊은 곳에서는 멀쩡한 환자에게 그들이 끔찍한 잘못을 저질렀다는 사실을 알고 있어요. 바로 그게 분석에서 드러나는 진실입니다.

모든 꿈에는 소원과 관련된 내용이 나와요. 직접적으로 또는 간접적으로 내가 바라는 것, 내가 하고 싶은 것, 내가 좋아하는 것들이 나오죠. 그럴 수밖에 없어요. 내가 언젠가 했던 일, 들었던 말, 만난 사람, 느꼈던 감정이 무의식 속에 잘 새겨져 있다가 합쳐져서 꿈이 만들어지니까요. 꿈의 내용은 언제나 하나의 기억이 다른 기억으로 이어지면서 생성됩니다.

내가 싫어하는 사람이 꿈에 나오는 경우는 어떨까요? 이 경우에도 우리의 소원이 들어 있을 수 있답니다. 나는 일분일초를 아끼며 사는 사람인데, 꿈에 나온 친구는 하고 싶은 일을 다 하고 잠도 푹 자는 그런 친구예요. 지난번에 같이 과제를 하는데 그 친구 때문에 너무 힘들었죠. 그래서 나는 그 친구를 싫어해요. 그 친구와 관련해서 연상될 수 없는 건 치열하게 공부하는 자세라든가 1등급 성적일 겁니다. 반면 그 친구가 꿈에 나타나면서 함께 데려온 덩어리들은 '자유', '휴식', '여유' 등이겠죠. 만약 "그 친구를 어떻게 생각해요?"라는 질문을 받으면, "아무 생각 없이 마음 편하게 살아요. 저도 남 생각 안 하고 그렇게 편히 살면 좋겠네요."라고 답할 수 있을 겁니다. 싫어하는 사람이 나온 꿈인데, 내가 바라는 휴식이나 여유 등의 소원이 함께 들어가 있었네요. 꿈이란 여러 재료가 섞여서 만들어지기 때문에 거기에는 언제나 내 바람과 소원도 들어가 있답니다.

꿈에 원망이나 분노도 나타난다고요? 그렇죠. 그런데 아마도 내 소원이 이루어지지 않았기 때문에, 또는 내 소원이 성취되는 걸 방해했기 때문에 화가 나고 속상하고 원망스럽고 분노했을 거예요. 따라서 이런 것들도 간접적으로는 소원과 관련되죠.

칸트(1724~1804)라는 철학자에 대해 배울 때 우리는 "타인을 수단이 아닌 목적으로 대해야 한다."는 유명한 말을 먼저 듣습니다. 그런데 실제로 칸트의 책을 읽어 보면 그 말이 흐르듯 지나가요. 눈에 잘 띄지도 않고요. 사람을 만나도 그렇습니다. 진짜 어떤 사람을 이해한다는 건 같이 밥을 먹고, 이야기를 하고, 눈을 마주 보고, 머뭇거리는 순간들을 포착하고, 울컥하며 침묵하는 괴로움을 공유하는 것입니다. 누가 그 사람을 두고 이렇다더라 저렇다더라 하는 말들은 그 사람을 이해하는 데 도움이 되지 않아요.

책을 이해하는 방법 또한 마찬가지랍니다. 한 줄 한 줄 읽어 내려가다 보면 싫고 좋고 기쁘고 화나는 내용들이 나와요. 찡그리게 만드는 대목, 간직하고 싶은 대목, 지겨운 대목 등을 견뎌 내고 나면 우리 마음에 그 책의 어떤 이미지가 남아요. 그리고 자신의 고유한 방식으로 그 책이 어떤 책인지 이해하게 됩니다. 그렇게 내 일부가 된 책은 이제 나를 바꿀 거예요. 그게 한 권의 책을 만나고 그것을 매개로 새로운 세상을 경험하며 내 삶에 변화를 불어넣는 방식이랍니다. 내가 프로이트와 만나서 하나가 되고 새로운 눈을 얻은 내가 태어나는 거죠. 책을 읽는 작업은 이처럼 매번 박진감 넘치는 모험이 될 수 있습니다. 그전과는 전혀 다른 내가 매 순간 태어날 테니까요.

꿈의 목소리를 경청하라

『꿈의 해석』 해설서를 쓰면서 제가 "꿈의 목소리를 경청하세요." 라고 말한다면, 아마 프로이트가 무덤에서 벌떡 일어나 저를 잡으러 올 겁니다. 자기가 언제 어디서 그랬느냐고 따지겠죠. 네, 이건 정신분석적인 말도 아니고 프로이트의 말도 아니에요. 그렇지만 『꿈의 해석』을 정독하다 보면 일반적인 해석이 핵심을 놓치고 있다는 걸 간파하게 됩니다.

이 책에서 프로이트는 여러 사람의 꿈 사례를 제시합니다. 소원 성취라는 주제가 명확한 꿈들이 많지요. 예를 들어, 일어나서 세수하는 꿈은 아침에 잠을 더 자고 싶은 소원이 반영된 꿈이래요. 실제로는 늦잠을 자고 있지만 꿈속에서 일어나 세수를 하고 있으면 마음 편하게 더 잘 수 있다는 거죠. 또 다른 사례에서 한 학생은 "학교 가야지." 하는 목소리를 들은 뒤 꿈속에서 병원 침대에 자기 이름과 나이가 쓰여 있는 걸 봅니다. 물론 학교 가기 싫은 꿈이죠. 병원에 있으면 학교에 안 가도 되잖아요. 딸기가 먹고 싶은 프로이트의 딸은 딸기 꿈을 꿉니다. 말 그대로 소원이 꿈에 나타난 경우죠.

자, 이제 한 걸음 앞으로 나가 봅시다. 꿈에 내가 싫어하는 사람이 나왔어요. 물론 프로이트는 그 사람의 인상, 그 사람이 내게 한 말, 내가 어제 만난 사람 등에 대해 묻겠죠. 그러나 이와 함께 우리는 왜 그 사람이 꿈에 나왔는지 생각할 필요가 있습니다. 왜 내가 좋아하는 사람이나 가족이 아니고 하필이면 그 사람이 나왔을까요? 도대체 꿈은 무슨 꿍꿍이속인 걸까요? 아무 자극이 되지 못한다면 꿈에도 등장하지 않습니다. 뭔가 내게 자극이 되어 꿈에 나온 건데, 그 자극이 몹시 불편했던 겁니다.

만나면 내게 상처를 주고, 해로운 말을 하고, 나를 괴롭혀서 현실이 악몽처럼 느껴지게 만드는 사람이 있다면, 그 인물은 자주 꿈에 등장할 겁니다. 프로이트는 괴로운 일을 자꾸 반복하는 경우, 그것은 느낌을 무디게 만들기 위한 시도일 수 있다고 말해요. 자꾸 보면 좀 나아지는 거죠. 뭐가 제대로 안 될 때 여러분은 그걸 그냥 잊어버리나요? 아니죠. 될 때까지 자꾸 다시 하게 되잖아요. 꿈도 마찬가지일 수 있어요. 뭔가 불편했고 괴로웠고 잘 안 됐기 때문에 그걸 다시 해 보는 거예요. 그 괴로움만 해결되면 내 인생이 편안해질 텐데 그게 자꾸 마음에 걸린다면, 그 문제로 거듭 다시 돌아가려 할 겁니다.

그렇다면 이 꿈은 앞으로 해야 할 일에 대한 메시지를 담고 있다고 할 수 있어요. 꿈은 지금 나를 가장 괴롭게 하는 인물이 바로 그 사람이며 그 고통에 대해 뭔가를 해야 한다고 말합니다. 가만있으면 계속 그런 고통을 당할 테니까요.

좋은 일에서 받는 스트레스도 있어요. 불안하기 때문일 수도 있고, 또는 마음속으로는 그 일이 별로 기쁘지 않기 때문일 수도 있습니다. 다음 경우는 어떨까요? A 학생은 행정학과에 합격했어요. 많은 사람들의 축하를 받으며 고등학교 마지막 겨울 방학을 행복하게 보내고 있죠. 그런데 꿈에 서류들이 마치 별똥별 떨어지듯 하늘에서 날아와 자기 피부를 베는 거예요. 너무 놀라서 소리를 지르며 깹니다.

이 꿈은 어떻게 해석할 수 있을까요? 정말 원해서 행정학과에 들어갔다면 적어도 악몽을 꾸지는 않을 겁니다. 종이가 날아와 내 살을 벤다는 이야기에서 연상을 이어 볼까요. 종이, 서류, 벤다, 칼, 서류 작업, 문서, 행정, 공무원 시험 등으로 연결될 수 있겠네요. 이 학생의 형은 공무원이에요. 그런데 형의 일은 지루해 보였죠. 형이 다루는 문서와 서류들은 학생에게 따분함, 싫증, 지루함 등을 떠오르게 합니다. 부모님께서는 안정적인 직장이 좋다고 하시며 동생도 형처럼 공무원이 되길 바라셨어요.

그런데 왜 하필 그 서류들이 별똥별처럼 날아왔을까요? A 학생은 별을 좋아해요. 언젠가 천문대에 갔을 때 정말 꿈 같은 느낌을 받았어요. 다른 것과 견줄 수 없을 정도로 재미있고 좋았죠. 별 이름으로 인터넷 검색을 시작하면 몇 시간이고 정신을 못 차리고 빠져 있어요. 그중에도 별똥별의 이미지가 최고였죠. 그건 소원과 관련되는 단어이기도 하잖아요. 꿈은 서류 뭉치에서 시작하고, A 학생의 소원인 별똥별로 이어져요. 그러나 별똥별이 떨어지는 모양새가 심상치 않네요. 소원을 이루지 못하는 상황이거든요. 즉 그 서류 뭉치가 이 학생의 소원을 가로막고 있어요. 결국 꿈은 종이 벼락을 맞는 악몽으로 끝나죠.

여러분은 이 학생의 마음이 보이나요? 실제로는 행정학과가 싫은 겁니다. (물론 여기서 행정학과와 관련된 이야기는 이 학생의 머릿속에 있는 정보에 따라 제한된 거예요. 행정학과가 따분하거나 지루하다고 생각하면 안 돼요.) 이 꿈에서 우리는 학생의 소원을 들을 수 있습니다. "저는 행정학과에 가고 싶지 않아요. 저는 별이 좋아요." 무의식의 목소리를 경청하면 우리가 행복한지, 원하는 것을 하고 있는지 알 수 있어요. 그리고 더 나아가 어떻게 해야 하는지도 알 수 있어요. 재수를 하는 것이 정답은 아닙니다. 여러 답들 가운데 하나겠죠. 행정학과에 진학해서 별을 관측하는 동아리에 들어갈 수도 있어요. 중요한 건 별을 향한 내 관심을 알고 인정하고 존중하는 거예요. 우리는 이렇게 꿈의 목소리를 진지하게 들음으로써 우리가 정말로 원하는 것이 무엇인지, 그것을 어떻게 추구할지 생각해 볼 수 있습니다.

무의식의 목소리를 경청하는 한 사람

"무의식의 목소리를 경청하라."는 유명한 말은 사실 카를 구스타프 융(1875~1961)이라는 스위스의 정신분석가가 했답니다. 그는 프로이트와 사이가 좋지 않았어요. 사실 처음에는 아주 친했지만 시간이 갈수록 프로이트가 너무 외곬으로 자기 이론을 일반화하고 그걸 정답으로 삼자, 결국 융은 프로이트를 떠납니다.

융은 1912년에 프로이트를 떠난 뒤 분석심리학이라는 자기만의 학문 영역을 창시했어요. 분석심리학의 중심 방법론이 바로 무의식의 목소리를 경청하는 거랍니다. 융은 프로이트보다 꿈을 더욱 중요하게 생각해요. 무의식의 목소리를 경청한다는 것은 꿈을 통해 무의식의 메시지를 이해한다는 뜻입니다. 프로이트는 융이 비과학적이라고 비판했어요. 융은 융대로 과학만으로 인간의 영혼을 이해하려 한 프로이트를 비판했죠. 더 나아가 프로이트의 이론은 과학이라고도 할 수 없다고 생각했어요. 사실 자기 사례를 보편화한 거잖아요.

융은 무의식 속에 우리를 우리보다 더 잘 아는 신화적인 에너지가 있다고 생각했습니다. 무의식은 우리가 무엇을 원하는지 이미 알고 있는 셈이라고 했어요. 그래서 방향이 틀렸을 때 우리에게 꿈을 통해 어떤 방향으로 나아가야 하는지, 무엇이 잘못되었는지 알려 준다는 겁니다. 정신분석학과 매우 다르지만, 분석심리학도 아주 매력적이고 또 믿고 따라갈 수 있는 치유적 학문 영역이에요.

카를 구스타프 융

1875~1961

융은 1903년 『꿈의 해석』을 두 번째 읽었을 때 프로이트의 지지자가 되었다.
그러나 프로이트와 융 사이에 견해 차이가 드러나기 시작했고,
둘의 관계는 회복할 길 없이 악화된다. 1912년 프로이트를 떠난 융은
분석심리학이라는 독자적인 학문 영역을 개척했다.

제가 정신분석학을 전공한 학자로서 분석심리학에서 배운 한 가지는, 꿈을 해석할 때 방향성을 가질 수 있어야 한다는 것입니다. 자기 소원이 무엇인지 분석하는 과정에서 우리는 앞으로 어떻게 해야 할지, 어떤 방향으로 나아가야 하는지 알게 되죠. 프로이트는 목적이라든가 나아가야 할 미래와 같은 방향성에 대해서는 말하지 않거든요.

일반적으로 프로이트의 꿈 분석을 읽고서 사람들은 '아, 그것 때문에 이게 나왔구나.', '그 이름이 저 단어와 관련되는구나.', '내가 이 생각을 떠올리고 싶지 않았구나.' 등의 생각으로 분석을 마칩니다. 그러나 여기서 한 걸음 더 나아가야 해요. '아, 내가 불편하구나.', '아, 내가 이 사람을 싫어하는구나.', '내가 이것보다는 저걸 더 좋아하는구나.' 등의 명상에서 '이 불편함을 어떻게 해결해야 할까?', '이 사람과 어떻게 지내야 할까?', '그럼 이제 무엇을 선택해야 할까?'라는 앞으로의 과제, 즉 미래로 나아가야 합니다. 내가 하고 싶은 것을 하기 위해 이제 무얼 어떻게 해야 하는가를 고민하는 방향으로 나아가야 한다는 뜻입니다.

『꿈의 해석』에 나오는 사례 가운데 하나를 살펴볼게요. 프로이트를 찾아온 A라는 환자가 자기 언니의 둘째 아들이 죽어서 장례식을 치르는 꿈을 꾸었다고 말합니다. 그녀는 프로이트에게 배운 방법으로 자기 꿈을 분석해 봅니다. 예전에 그 아이의 형이 죽었을 때 A는 몹시 슬퍼했어요. 그리고 프로이트에게 아마도 자기가 언니의 첫째 아이를 둘째 아이보다 더 사랑했기 때문에 차라리 둘째의 장례식이었다면 하고 생각한 것 같다고 말합니다.

그러나 프로이트는 꿈의 배경과 이전 이야기를 들은 뒤 전혀 다른 분석을 제시합니다. 언니의 첫째 아들이 죽었을 때, 그 장례식에는 조문객들이 아주 많았어요. 그중에는 A가 예전에 사랑했던 남자도 있었고요. 그런데 둘은 언니의 반대로 결혼을 하지 못했어요. 그 남자와 헤어진 뒤 A는 그가 그리운 나머지 멀리서나마 그 남자를 가끔씩 훔쳐보고 있었답니다. 그러던 중에 아주 오랜만에 장례식장에서 그를 가까이에서 볼 수 있었던 거예요! 꿈은 그 남자를 만나고 싶은 A의 소원을 이루어 줍니다. 꿈에 다시 장례식장이 나타난 이유는, 만약 그런 상황이 되면 그 남자를 다시 볼 수 있기 때문이죠. 프로이트는 이렇게 A의 소원이 꿈속에서 이루어진다고 설명합니다.

그런데 여기에 융의 방향성을 더해서 한 걸음 앞으로 나가볼까요. 이 사례에서 진짜 문제는 뭘까요? 그 남자를 다시 만나는 것도 A의 소원 가운데 하나지만, 더 근본적인 소원은 자유로워지는 것입니다. 문제는 A가 사랑하는 사람을 데려왔을 때 언니가 그 결혼을 반대했다는 거예요. 사실 A는 언니가 왜 둘의 결혼을 반대했는지 아직도 그 이유를 몰라요. 그냥 언니의 명령을 받아들인 거죠. 이렇게 되면 문제는 더욱 심각해집니다. 가장 문제가 많은 사람은 언니고요. A가 다른 남자를 데려와도 언니가 또 반대할 가능성이 커요.

장례식은 죽은 사람을 애도하는 의식입니다. A는 꿈에서 장례식을 봅니다. 그런데 현재 살아 있는 아이가 관 속에 누워 있어요. 살아 있지만 죽은 것이나 다름없다는 표현을 이보다 더 잘 형상화한 이미지가 또 있을까요.

그렇다면 우리는 프로이트의 해석을 보완하여, 이 꿈을 다음과 같이 분석할 수도 있어요. A는 살아 있지만 마치 죽은 것처럼, 즉 자기 욕망이 전혀 없는 것처럼 살고 있다는 거죠. 이러한 분석은 그와 같은 상태를 벗어나야 한다는 자각으로 이어져야 합니다! 이때 방향성이 생기죠. 그 남자를 보고 싶은 소원이 꿈에 성취되었다는 것으로 분석을 마치면, 근본적인 문제를 드러내지 못한 채 꿈의 해석이 종결됩니다. 우리는 하나의 꿈속에서 더욱 깊이 있는 분석을 이끌어 낼 수 있습니다. 새로운 분석은 내가 진정으로 바라는 것, 즉 내 진짜 소원을 이야기해 주겠죠. 내면의 진정한 소원을 이해하기 위해 우리는 무의식의 목소리를 경청해야 합니다.

재미있어지죠? 자, 이제 책에서 언급되는 개념들과 사례들을 본격적으로 이야기해 봅시다. 프로이트가 어떤 구체적인 방법론을 제시하는지 차근차근 살펴볼게요. 프로이트의 꿈 분석은 두 층위를 오가는 여행입니다. 하나는 표면적 내용이고, 다른 하나는 심층적 진실입니다. 전자를 '꿈 내용'이라 하고, 후자를 '꿈 사고'라고 합니다.

프로이트의 『꿈의 해석』 읽기

제가 이 책에서 목적으로 삼는 것은
꿈을 해석할 수 있다는 사실을
여러분께 알려 드리는 것이랍니다.

(96/100)

꿈에는 숨겨진 생각이 있다 5

마음속 이야기 대 말하는 이야기

생각과 말이 같은 사람은 정말 성숙한 사람입니다. 우리는 보통 마음속 이야기를 그대로 전달하지 못하죠. 마음이 부대낄 때 폭식을 하는 경우가 있는 것처럼, 어떤 행동들은 생각이 말로 표현될 수 없을 때 나타나는 증상으로 이해해야 합니다. 만약 어떤 사람이 슬퍼해야 하는 상황에서 웃고 떠든다면, 그건 그 사람이 애도하는 법을 배우지 못했기 때문일 수도 있습니다. 이때는 슬픔이 전혀 다른 방식으로 표현되겠죠. 죽음을 제대로 애도하지 못하는 집에서 자란 아이는 애도의 과정을 다른 사람들처럼 수행할 수 없게 될 확률이 높아요.

　프로이트의 레오나르도 다빈치 분석이 이와 비슷한 사례입니다. 다빈치는 어머니가 세상을 떠났을 때 강박적으로 가계부를 기록합니다. 사람들은 어머니가 돌아가셨는데 어떻게 그렇게 태연할 수 있냐고 욕하겠죠. 그러나 프로이트는 이 강박적 기록에서 통곡하는 아들의 모습을 읽어 냅니다. 너무 슬플 때 눈물을 흘리는 게 아니라 부들부들 떨면서 온 집 안을 기어 다니며 걸레로 바닥을 닦을 수도 있습니다.

또 자기가 왜 그런 말을 하는지 모르면서 하는 경우도 있어요. 마음속에 한 친구를 향한 질투가 가득해서, 그 친구를 따라 하거나 그 친구에게 궁극적으로 해가 될 수 있는 일들을 무의식적으로 계획하는 사람이 있어요. 그런데 그는 자기가 왜 그런 일들을 하는지 정말로 모를 수 있어요. 그럼에도 나중에 보면 그는 아주 치밀하게 계획된 프로젝트를 수행했던 거예요. 이 프로젝트는 자신도 모르게 무의식적으로 진행되며, 그 목적은 친구가 괴로워지게 만드는 것이에요.

끔찍한 프로젝트입니다. 이 프로젝트는 성공할 수도 있어요. 그러나 이런 방식으로 살아가는 사람은 결코 행복해지거나 자신의 능력 또는 역량을 제대로 발휘하게 될 수 없답니다. 아주 많은 에너지를 질투하고 미워하고 따라 하며 친구에게 해를 입힐 수 있는 구상을 하는 데 쓰고 있거든요. 이건 자멸의 과정입니다. 끝없이 모방하며 자기가 그 친구보다 더 잘할 수 있다는 걸 증명하지만, 자기 것이 아닌 일을 모방하는 탓에 언제나 맞지 않는 옷을 입은 듯 불편한 느낌이 들죠.

꿈 분석에서도 같은 이야기를 할 수 있습니다. 꿈이 진짜로 우리에게 말하는 것이 '꿈 사고'라면, 잠에서 깨어났을 때 기억나는 이야기는 '꿈 내용'이라고 할 수 있어요. 4장에서 살펴본 장례식 꿈(83~85쪽)의 경우, 언니의 아들이 관 속에 누워 있고 장례식을 치르는 이야기는 꿈 내용입니다. 반면 '언니는 이 집 사람들을 모두 죽은 사람처럼 대하고 있다.'는 것이 동생의 꿈 사고입니다.

겉으로 드러난 이야기에서 진짜 이야기 속으로

꿈 사고에서는 누군가를 향한 질투 때문에 그 사람에게 안 좋은 일이 일어나기를 바라고 있다면, 꿈 내용은 그 사람에게 좋지 않은 일이 생겨 내가 슬퍼하는 이야기로 구성될 수도 있습니다. 슬픔으로 위장하는 거죠. 드러난 생각과 내면의 생각 사이의 괴리는 일상생활에서도 자주 볼 수 있어요.

프로이트는 『히스테리 연구』에서 형부를 사랑한 처제의 사례를 소개합니다. 동생은 언니가 죽었을 때 매우 슬퍼했지만, 동시에 '이제 형부가 돌싱(돌아온 싱글)이 되었어!'라며 기뻐했어요. 물론 그건 무의식적 사고입니다. 그렇게 생각한 것 자체가 죽은 언니에게 너무 미안해서 동생은 잘 걷지도 못할 만큼 건강에 문제가 생겨요. 증상이 나타난 거죠.

이 동생이 언니의 장례식에서 통곡하는 꿈을 꾼다고 해 볼까요. 겉으로 드러난 이야기는 꿈 내용입니다. 슬퍼서 우는 거죠. 그렇다면 꿈 사고는 무엇일까요? '언니가 죽으면 형부가 혼자 남을 테고, 그러면 내가 형부와 결혼할 수도 있겠네.'라는 거겠죠.

환자의 증상을 분석하는 방식과 꿈을 분석하는 방식은 동일합니다. 그래서 꿈 분석을 연습하면 일상생활의 행동이나 말도 분석할 수 있게 되죠. 프로이트는 『꿈의 해석』에서 우리가 어떻게 꿈 내용에서 시작하여 꿈 사고로 분석을 이어 갈 수 있는지 설명해요. 꿈 내용에 언급된 여러 단어와 표현에서 시작해 자유연상으로 그물을 짜다 보면 하나의 그림이 만들어집니다. 그리고 우리는 마치 퀴즈나 퍼즐을 푸는 것과 같은 방식으로 그림의 수수께끼를 풀어야 합니다.

브루스 핑크라는 미국의 정신분석가는 이런 예를 들었습니다. 한 사람이 선 아래에 서 있는 그림이 무엇을 뜻하는지 묻는 퀴즈가 있습니다. 정답은 선 아래(under) 서 있다(stand)를 뜻하는 understand, 즉 '이해하다'입니다. 그렇다면 한 사람이 선 아래에 서 있는 건 꿈 내용이고, '이해하다'가 진짜 중요한 꿈 사고라고 볼 수 있겠죠. 이런 방식으로 꿈 내용의 요소들을 자세히 분석한 뒤 조각들을 모아서 큰 지도를 만드는 겁니다. 그때 우리는 꿈 사고를 알게 돼요.

여기에서 설명한 사례들은 꿈 사고가 조금 끔찍한 경우죠? 그런데 프로이트는 그런 마음들을 부정하면, 의식의 차원에서 나타나는 행동들이 점점 더 왜곡된다고 말합니다.

진실 대 거짓, 훈제 연어 이야기

프로이트는 꿈 이야기들을 통해 우리가 얼마나 자주 주변 환경에 휘둘리는지 알려 줍니다. 사람은 컴퓨터처럼 입력되는 데이터에 따라 동일한 행동이 자동으로 출력되지 않습니다. 우리는 수많은 기억과 연상 속에서 사유하거든요. 아리스토텔레스(기원전 384~기원전 322)는 그런 과정에 '행복'을 향하는 큰 방향성이 있다고 설명합니다. 행복해지기 위해 고민하고 생각하고 타인을 배려하며 잘못을 뉘우치고 함께 기뻐하고 슬퍼하는 거예요.

문제는 행복을 향해 나아가는 과정이 늘 막연하다는 겁니다. '무슨 과목을 먼저 공부할까?', '뭘 먹을까?', '어디에 있는 치과를 갈까?', '무슨 영화를 볼까?'부터 '어떤 과로 진학할까?', '누구랑 결혼할까?', '어디에 취직할까?'까지 모든 것이 참 막막하죠. 어디 그뿐인가요? 공부할 과목을 정해도 '어떤 문제집을 살까?', '몇 장부터 공부할까?' 고민하게 되죠. 그래서 우리가 쉽게 하는 일은 다른 사람이 어떻게 하는지 보는 겁니다. 프로이트를 찾아온 환자들 중에는 그런 성향이 강한 사람들이 많았어요.

『꿈의 해석』의 다음 사례에서 주인공은 자기가 원하는 것이 무엇인지 자신의 내면을 들여다보고 결정하지 못합니다. 그 대신 그녀는 끝없이 남의 시선과 남의 행동을 의식하며 그에 따라 결정하고 있어요. 결코 행복할 수 없는 삶이죠. 꿈을 한번 볼까요.

사람들을 불러 저녁 식사를 함께하고 싶지만 집에는 약간의 훈제 연어 말고는 남은 음식이 전혀 없어요. 나가서 장을 볼까 했는데 마침 일요일 오후라서 문을 연 곳이 없네요. 출장 뷔페

업체에 전화하려고 했는데 이번에는 전화가 불통이에요. 그래
서 결국 저녁 초대를 못하게 됐어요.(147/152)

프로이트는 먼저 환자에게 이 꿈과 관련된 배경을 들려 달라
고 요청합니다. 환자의 자유연상을 살펴볼까요?

그녀의 남편은 큰 정육점 주인이에요. 그는 지금 체중 감량
을 위해 저녁 모임에 나가지 않겠다고 결심한 상태입니다. 남편
은 마른 여자를 안 좋아해요. 또 그는 퇴근할 때 아내가 좋아하
는 음식을 사 가지고 오곤 하죠. 그런데 어느 날 갑자기 환자는
남편에게 이제부터는 그러지 말라고 말합니다.

언젠가 남편은 아내의 친구가 좋은 사람인 것 같다고 말한
적이 있어요. 아내의 친구는 몹시 마른 편이었어요. 친구는 요즘
형편이 나빠져서 평소 좋아하던 훈제 연어도 못 먹고 있어요. 또
체질 때문에 살이 잘 안 찐다며 살이 통통하게 붙으면 좋겠다고
말하곤 했죠. 얼마 전 그 친구는 "네가 만든 음식이 자꾸 생각나.
언제 불러서 맛있는 것 좀 요리해 줘."라고 말했어요.

이런 정보에서 프로이트는 다음과 같은 분석을 제시하죠. 아
내는 남편이 친구를 칭찬하자 질투를 느껴요. 남편은 마른 여자
를 별로 안 좋아하고, 다행히 아내의 친구는 마른 체형이었죠.
친구가 그녀의 음식이 먹고 싶다면서 저녁 식사에 초대해 달라
고 부탁했고요. 아내는 체중 조절을 위해 저녁 모임에 나가지 않
겠다는 남편의 말을 기억했겠죠. 저녁을 잘 먹으면 살이 찐다는

사실을 강조하는 대목입니다. 만약 친구를 저녁 식사에 초대해서 잘 먹이면 살이 찌겠죠? 그러면 친구는 통통하게 살이 오를 테고, 남편은 그 친구를 더욱 좋아하게 될 거예요. 그렇다면 그녀가 살이 찌게 해서는 안 되겠군요. 즉 절대로 그녀를 저녁 식사에 초대하면 안 되겠네요. 그렇지만 내가 나쁜 사람이나 속이 좁은 사람이 되는 건 싫잖아요. 마음 편한 방법이 뭐가 있을까요? 아예 저녁 초대 자체가 불가능한 상황을 연출하는 겁니다!

친구를 초대하고 싶지 않은 마음이 저녁 식사를 준비하지 못하는 안타까운 상황으로 뒤바뀌었네요. 뭔가 좀 불편하죠? 꿈꾼이의 사고와 행동이 그리 자연스럽지 않잖아요. 가만히 보면 그녀는 친구를 따라 하고 있어요. 사실 훈제 연어는 친구가 좋아하는 음식이에요. 또 남편에게 자기가 좋아하는 음식을 사 오지 말라고 한 것도 친구의 행동을 따라 한 거예요. 프로이트는 이 여자가 무의식중에 친구를 질투하고 있다고 분석합니다.

참 복잡하죠? 그녀는 친구를 만나면 둘도 없는 친구인 듯 살갑게 대할 거예요. 그리고 자신의 감정을 전혀 의심하지 않겠죠. 그런데 하는 행동을 보면 친구를 질투하고 모방하며 닮아 가고 있어요. 그럴수록 그녀는 점점 더 자신을 잃겠죠. 자기를 잃어 가는 사람을 사랑하기란 참 어려워요. 든든한 중심이 없기 때문에 가식이 느껴지고, 자기 자신에게조차 거짓말을 하고 있기 때문에 진정한 대화를 나누기가 힘들죠. 이런 태도를 바꾸지 않으면 남편과의 관계도 점점 더 힘들어질 겁니다. 꿈은 이렇게 우리가 미처 의식하지 못하는 진실을 드러내 줍니다.

과거를 알려 주는 꿈, 미래를 예견하는 꿈

『꿈의 해석』 마지막 장인 '꿈 과정의 심리학'의 마지막 소제목은 '무의식과 의식 – 현실'입니다. 늘 그렇듯이 프로이트는 아주 멋진 말로 책을 마무리합니다. 정말 문학적인 문장이에요. 한번 들어 보세요.

> 우리의 소원이 성취되는 이야기를 만듦으로써 꿈은 우리를 미래로 이끌죠. 그러나 꿈꾼 이가 현재에 빚어내는 미래는, 가공할 위력을 가진 그의 소원에 의해 과거와 완벽하게 닮은꼴로 주조됩니다.(621/626)

멋지지 않아요? 우리는 보통 예지몽에 관심이 많습니다. 꿈이 내 미래를 알려 주면 얼마나 좋을까요? 프로이트는 사실에 근거한 예측만이 과학이라고 생각했어요. 근거도 없이 추측하거나 예언하는 건 믿을 수 없다고 생각했죠. 갑자기 동쪽으로 가면 귀인을 만날 것이라거나, 비 오는 날에는 나가지 말라거나, 오늘 재물을 잃을 수 있으니 조심하라는 점괘도 당연히 안 믿었어요. 정신분석은 과학이니까요. 그렇지만 그는 꿈이 미래와 관련된다고 생각했어요. 꿈은 우리에게 과거를 알려 주는 역할을 하는데, 이 과정에서 과거의 소원이 드러나고 그것을 토대로 우리가 미래를 예측할 수 있게 되니까요.

뭔가를 뜯고 고치고 조립하는 일을 좋아하는 아이는 처음 받은 컴퓨터도 휴대폰도 모두 고장 내고 말았죠. 도대체 가만히 놔두는 게 없는 이 아이는 뭘 만드는 걸 좋아합니다. 그래서 아이의 꿈은 언제나 조립 중인 로봇, 어디선가 빠진 나사, 인조인간 등으로 가득해요. 아이가 중학생이 되어 꿈을 꾸는데 한쪽 다리가 불편한 로봇이 나옵니다. 한쪽 발이 작아서 균형이 맞지 않아 로봇이 서 있지 못하는 거죠. 학생은 자꾸 한쪽으로 쓰러지는 로봇을 일으켜 세우다 꿈에서 깹니다. 우리는 여기에서 이 학생의 옛날 소원을 볼 수 있어요. 로봇을 만들고 싶어 하는 소원 말이죠.

분석은 여기에서 끝나지 않습니다. 꿈을 가만히 들여다보면 로봇은 균형이 맞지 않아서 쓰러집니다. 그건 학생의 현재 모습을 드러내 주는 이미지일 겁니다. 현재 상황이 편하지 않은 탓에 옛날 소원이 그대로 펼쳐질 수가 없는 거죠. 현재는 과거의 소원을 담아 내지 못하고 있습니다. 발은 기반인데, 그게 흔들려요.

그럼 뭐가 문제인지 생각해 봐야겠죠? 학생은 부모님이 이혼한 뒤 어머니와 함께 사는데, 도무지 마음을 잡지 못하고 있어요. 아버지는 먼 곳에 사시고, 다른 사람과 재혼을 하신 상태예요. 어머니는 당신 팔자가 사납다는 말씀을 입에 달고 사세요. 뭔가 다 불편한 상황이에요. 이대로 상황에 휩쓸린다면 로봇이 쓰러질 수밖에 없겠어요.

그럼 어떻게 해야 될까요? 이혼은 부모님 일이에요. 물론 많이 괴롭고 불편하고 화도 나지만, 이전으로 돌아갈 수는 없어요. 지금 이 순간부터 계획을 짜야 합니다. 그러지 않으면 로봇이 쓰러지며 과거의 꿈이 주저앉고 말 거예요.

꿈 내용을 살펴보면 여기에는 꿈 사고를 왜곡시킨 이야기만 있는 게 아니에요. 물론 진실을 가리는 왜곡된 내용이 드러났을 수도 있어요. 그렇지만 반대로 꿈 사고의 다양한 내용을 하나의 이미지로 압축한 경우도 있어요. 자꾸 쓰러질 듯 흔들리는 불안한 로봇의 이미지는 예전의 소원, 불안한 현재 상황, 과거의 괴로운 기억들이 모두 섞여 만들어진 것입니다. 부모님이 싸울 때 물건 집어 던지는 소리, 그릇 깨지는 소리, 어머니 우시는 소리, 아버지의 뒷모습 위에 로봇을 세우려니 어려운 거예요. 그런데 다행인 건 꿈에 묘사된 학생의 역할입니다. 꿈에서 학생은 쓰러지는 로봇을 일으켜 세우려고 애쓰고 있어요.

학생은 조립도 잘하고 분해도 잘해요. 현재의 문제도 알고 있습니다. 발이 너무 작은 거죠. 그리고 그걸 고칠 능력도 있어요. 마지막 하나는 뭘까요? 네, 의지입니다! 그렇게 할 것인지 결정해야 합니다. 로봇을 쓰러지게 놔두겠어요, 아니면 발을 키워 일어서게 하겠어요? 그 결정은 학생의 미래로 이어집니다. 이렇게 꿈은 과거를 불러내 우리를 미래로 이끈답니다.

의식, 전의식, 무의식

『꿈의 해석』은 프로이트가 '의식', '전의식', '무의식'이라는 정신의 구조를 처음으로 이론화한 책입니다.

　의식은 내가 무엇을 하고 있고 무엇을 생각하는지 편안하게 알고 있는 영역을 뜻합니다. 의식의 영역에서 나는 내가 누구인지, 무엇을 하고 있는지, 왜 그것을 하고 있는지 잘 알고 있어요.

　전의식은 조금만 노력하면 떠오르는 기억들이 있는 영역입니다. '2004년에 이사를 왔고 올해가 2014년이니까 이사 온 지 10년이 됐네.', '지난주에 진영이랑 떡볶이 먹으러 갔는데, 그날 비가 왔어.'와 같은 기억은 조금만 주의를 기울여서 생각하면 떠오릅니다.

　무의식의 영역은 그보다 깊은 층위를 말해요. 거기에는 우리가 경험한 모든 것이 새겨져 있답니다. 프로이트는 무의식의 영역을 '마술 글쓰기 판'이라고 불러요. 어릴 때 가지고 놀던 글쓰기 판을 떠올려 보세요. 그림도 그리고 글씨도 쓴 다음, 그 판을 한 번 뗐다가 다시 붙이면 모든 게 깨끗이 사라집니다. 그런데 옆으로 비스듬히 보면 자국은 남아 있어요.

　그렇게 우리가 경험한 모든 것이 자국으로 남아 있는 곳, 그게 바로 무의식입니다. 한번 새겨지면 절대 지워지지 않죠. 그런데 그 자국들이 너무 복잡해서 우리는 의식에서처럼 쉽게 기억의 조각들을 떠올릴 수가 없어요. 기억의 덩어리들이 있긴 있지만, 어디에 있는지, 뭐가 있는지 알 수 없습니다. 그 양이 너무 많으니까요. 확실한 기억인 줄 알았는데, 다른 사람의 기억과 비교해 보면 내 기억과 다른 경우도 있고, 어떤 기억은 아무리 노력해도 떠오르지 않죠.

우리는 결코 무의식에 기록된 것들을 모두 다 알 수는 없어요. 무의식에 관한 한, 나는 나를 잘 알지 못한답니다. 무의식의 내용이 관여된 경우, 내가 왜 그 일을 하는지, 왜 그 말을 했는지, 왜 기분이 나쁜지 잘 몰라요. 분석하지 않으면 무의식에서 어떤 조각이 의식의 수면 위로 올라왔는지도 잘 모릅니다. 그러니까 무의식은 우리의 통제를 넘어서는 부분이라고 할 수 있어요. 우리의 의지로써 기억하고 싶은 걸 기억하는 게 아니라, 무의식과 의식의 상호 작용 속에서 의식에 받아들여진 것을 우리가 감지하는 거죠.

내가 나의 주인인데 어떻게 그럴 수 있냐고요? 우리는 우리몸의 세포 하나하나가 어떻게 움직이는지 모릅니다. 심장에게 어떻게 작동해야 하는지 이야기해 줄 수도 없어요. 그것이 인체의 신비겠죠. 무의식도 마찬가지예요. 그것은 어마어마한 기억의 데이터를 담은 우리 내부의 공간인데, 무의식 속 기억들이 조합되는 경우의 수는 무한합니다. 우리는 결코 특정 기억이 특정방식으로 연결되어 나오도록 의식적으로 조절하고 통제할 수 없어요. 초록색을 보고 한 사람은 나무와 풀을 떠올리지만, 다른사람은 어머니의 초록색 브로치를 떠올립니다. 연상되는 방식은같지만 연상의 내용과 결과는 전혀 달라요. 자신의 연상이라 해도 의식은 무의식이 어떤 방식으로 연상을 진행할지 결코 알지못합니다. 인간은 정말 신비한 존재죠!

연상, 의식, 무의식의 관계를 좀 더 살펴볼까요? 1장에서 언급했던 「욥기」 꿈(36쪽) 기억나나요? 꿈꾼 여학생과 또 다른 한 남자가 종기 때문에 온몸에 고름이 뭉글뭉글 맺혔죠. 곰곰이 생각해 보니, 교회에서 들은 아버지의 설교 내용이 「욥기」였어요. 설교를 들으며 욥의 몸에 고름이 뭉글뭉글 맺히는 이미지를 떠올렸거든요. 이것은 전의식의 차원입니다. 집중해서 생각하니 떠오르는 기억이죠.

그런데 그 너머의 기억이 있답니다. 왜 「욥기」가 꿈의 재료로 사용되었는지, 여기서 고름이 피어올라 고통받는 이 남자는 누구인지, 왜 그가 내 꿈에 나왔는지, 왜 내 몸에도 종기가 났는지 등 이 꿈에는 우리가 아직 답하지 못한 부분이 무척 많아요. 아무리 생각해도 그 답이 쉽게 떠오르지 않죠. 바로 여기에서 분석이 시작되는 겁니다.

기억의 조각들을 모아 연상을 이어 가면서 이야기를 만들어 가면, 우리는 무의식에 무엇이 있었는지 추측할 수 있어요. 예전에 아버지가 종기 때문에 몹시 고생한 적이 있고, 얼마 전 학생이 아버지께 심하게 혼났다면, 꿈에 나온 그 사람은 아버지일 수도 있습니다. 아버지가 미웠던 거죠. 그 점을 인정하는 것도 어렵고, 그런 이야기를 하는 것도 어려워요. "아버지 몸에 종기가 잔뜩 나서 예전처럼 그렇게 괴로우면 좋겠어요."라고 말할 수는 없잖아요. 그래서 이 기억은 떠오르지 않는 편이 더 낫습니다. 그런데 꿈은 그렇게 말하고 있네요. 이걸 인정하면 의식이 난처해지겠죠?

무의식에는 감정이 들끓고 있는 게 아니에요. 무의식의 내용은 기억의 파편들이랍니다. 아버지와 관련된 기억에는 아버지의 목소리, 아버지의 말씀들, 담배 냄새, 아버지 회사, 아버지 고향 등 수많은 조각들이 연결되어 있어요.

이 모든 조각들이 전부 무의식에 들어 있답니다. 그 가운데 지금 이 순간 내게 가장 큰 자극으로 다가오는 어떤 이야기와 관련된 조각들이 서로 연결되어 의식으로 올라옵니다. 그 조각들을 재료 삼아 꿈이 만들어지는 거죠. 이 무의식 속 기억의 파편들이 만들어 내는 내부의 이야기가 바로 꿈 사고입니다. 무의식 속에 어떤 조각들이 어떻게 연결되어 있는지 알아보는 과정이 꿈 분석이고요.

무의식의 진실을 찾아서

의식의 목소리와 무의식의 목소리가 정반대일 때도 있어요. 의식에서는 "전 아버지를 무지 좋아해요. 아버지가 최고예요."라고 말하지만, 무의식에서는 "아버지께서는 제 마음을 모르세요."라고 말할 수도 있답니다. 이처럼 의식과 다른 무의식의 이야기를 우리는 '무의식의 진실'이라고 말해요. 그건 내 마음의 진실이기도 합니다.

무의식의 목소리를 분석하지 않으면 내가 진정 어떻게 느끼는지, 어떤 생각을 하는지 알 수 없게 돼요. 그렇게 되면 나 자신과 대화할 수가 없겠죠? 마음속 저 깊은 곳에는 불만이 가득한데, 의식적인 차원에서는 계속 미소를 짓고 있다면 나는 행복하지 않을 겁니다. 내가 끝까지 의식의 편만 든다면, 무의식의 진실은 다른 경로로 우리에게 말을 걸어요. 그게 바로 '증상'입니다. 몸이 말을 하는 거예요. "나 지금 괴로워요!"

무의식의 이야기는 또 다른 방식으로 표출될 수도 있답니다. 말실수가 그중 하나예요. "아, 실수!"라고 얼버무리지만, 사실 그 실수 속에 진실이 담겨 있다는 거죠. 장난을 치다가 정말로 불같이 화를 내는 경우도, 내가 조절할 수 없는 무언가가 내 무의식에서 솟아 오른 것입니다. 무의식의 진실이 나를 통해 이야기하는 거죠.

정신분석학에서 가장 중요한 단어 하나를 선택하라면 그것은 바로 '무의식'입니다. 정신을 분석한다는 것은 의식이 간파하지 못하는 무의식의 사고와 그 사고가 만들어지는 무의식적인 과정을 연구한다는 말입니다. 꿈이 만들어지는 과정도 무의식적인 과정입니다. 그 과정을 잘 분석하면, 무의식 속에서 어떤 조각들이 선택되었는지 그 조각들이 어떻게 관련되는지 알 수 있으며 마침내 무의식의 진실에 다가갈 수 있습니다.

1차 과정, 2차 과정, 검열과 증상

무의식의 진실이 드러나면 곤란할 때가 많아요. 사람들은 내면의 진실을 헤아리기보다는 그냥 남에게 맞추며 사는 사람을 더 좋아하기도 해요. 감당하기 어려운 곤란한 상황을 만들고 싶지 않기 때문에 의식은 무의식의 이야기가 겉으로 드러나는 걸 싫어해요. 그래서 의식은 늘 무의식의 이야기를 검열합니다. 검열은 무의식과 의식을 나누는 막이라고 생각하면 돼요.

프로이트는 아무 방해도 받지 않고 마음대로 사고할 수 있는 과정을 '1차 과정', 검열의 영향을 받는 규격화된 사유의 흐름을 '2차 과정'이라고 불렀어요. 1차 과정은 자유롭지만, 2차 과정은 그렇지 못하겠죠. 사회화나 문화 모두 2차 과정이 우세해지면서 나타납니다.

그런데 무의식, 무의식의 사고, 1차 과정은 늘 검열하고 가두어야 하는 나쁜 것일까요? 물론 그렇지 않죠. 프로이트는 오히려 그 반대의 이야기를 하는 듯해요. 프로이트는 자기 환자들을 분석하는 과정에서 무의식의 진실을 대면하지 못한 채 의식의 차원에만 갇혀 있는 사람들이 얼마나 힘든 삶을 사는지 깨달았어요. 아무 생각 없이 산다는 말은 내면을 들여다보고 잠시 멈추어 생각하는 일 없이 계속 의식에 휘둘리는 삶을 가리킵니다.

내가 정말 좋아하는 일을 할 때와 누가 시켜서 억지로 무슨 일을 할 때 우리의 마음가짐이나 일의 속도가 많이 다르죠? 문제는, 지금 자기가 하고 있는 일이 정말 자기가 좋아하는 일인지, 아니면 누가 시켜서 억지로 하고 있는 일인지 많은 사람들이 잘 모르고 있다는 거예요. 옆에서 보면 분명히 억지로 하는 일처럼 보이는데, 자기는 그게 자기가 원하는 것이라고 생각하는 경우도 있어요. 이 경우는 정말 심각합니다. 의식이 너무 확고하게 거짓말을 하고 있거든요. 내 입이 내 속마음과 전혀 다른 이야기를 자꾸 하네요. 어쩌죠?

우리가 계속 의식의 편만 들 때 누가 출동한다고 했죠? 맞아요, 내 몸이에요. 그럴 때 우리 마음은 또 다른 경로로 입이 전하지 못하는 이야기를 전달합니다. 공부만 하려 하면 편두통이 밀려오거나 의자에 앉을 때 허리 통증이 시작되는 거죠. 증상을 없애는 과정의 첫걸음은 무의식과 소통하는 것입니다.

할아버지도 법대, 아버지도 법대, 형도 법대예요. 그래서 나도 법대에 가야 하는데, 법대는 내 적성에 맞지 않아요. 나는 컴퓨터 소프트웨어 학과에 가고 싶어요. 그런데 언제부터인지 책상에만 앉으면 허리가 아프네요. 우선 병원에 가야겠죠. 그런데 병원 검사 결과도 별다른 문제가 없어요. 그래도 계속 아프니 학생은 물리 치료를 받게 되겠죠. 또 일시적으로 통증을 완화하는 주사도 맞을 거예요. 허리에 맞는 주사인데, 허리에 주삿바늘이 들어가는 순간 '뚝' 하는 소리가 납니다. 이렇게 힘을 뺀 다음 다시 책상 앞에 앉아 그리 기껍지 않은 공부를 이어 갑니다.

내가 정말 좋아하는 일을 할 때 자발성과 활력이 생겨요. 몸이 가뿐하고 행동도 빠르죠. 절로 신이 나서 계획을 세우고, 이것도 하고 저것도 하며 바빠지죠. 절실한 목표가 있기 때문에 가능한 일들입니다. 반면 절실하게 하고 싶은 일이 없을 때, 내가 뭘 좋아하는지 모를 때, 어디로 가는지 모를 때는 모든 게 무거

〈케스〉

켄 로치 감독, 1969

주인공이 처한 각박하고 우울한 현실을 보여 주듯, 굴뚝에서 연기를 잔뜩
내뿜는 공장을 배경으로 주인공이 앉아 있다(위). 주인공은 학교에서도 또래
아이들에게 외면당한다(가운데). 가정과 학교에서 모두 소외된 주인공은
매를 키우며 자신의 꿈과 행복을 찾아간다(아래).

워지고 느려집니다. 몸이 천근만근 무겁네요. 디스크가 생기지 않을 수 없겠죠.

영국의 켄 로치 감독이 만든 〈케스〉라는 영화가 있어요. 공부에는 전혀 관심이 없던 아이가 매를 키우면서 변하는 이야기입니다. 매에게 무엇을 먹여야 할지, 매를 어떻게 사육해야 할지 전혀 모르는 상황에서 아이는 책으로 하나씩 공부해 나가며 매에게 한 걸음씩 다가갑니다. 아이가 책방에서 사는 모습이 전혀 괴로워 보이지 않습니다. 마치 놀이터에서 노는 것처럼, 책방에서 새와 관련된 책들을 쌓아 놓고 몇 시간이 지나도 꼼짝 않고 집중해서 봅니다. 바로 이게 공부예요. 이렇게 할 수 있는 일이 내가 좋아하는 일이고요. 여러분에게는 그게 뭔가요?

『꿈의 해석』은 꿈에 관한 이야기만 하는 게 아니에요. 그것은 궁극적으로 무의식의 진실을 찾아가는 여정을 다룬 책이랍니다. 프로이트는 자기 내면을 들여다보고 무의식의 진실을 분석하라고 제안합니다.

꿈은 어떻게 만들어질까? 6

꿈 작업의 종류

『꿈의 해석』에서 가장 많은 분량을 차지하는 부분이 '꿈 작업'이에요. 프로이트는 "꿈 작업만이 꿈의 본질"이라고 말합니다(506 ~507/511). 꿈 작업은 꿈 사고에서 꿈 내용을 만들어 내는 과정이에요. 반대로 꿈 분석은 어떤 꿈 작업에 의해 꿈 내용이 나타났는지 이해하는 과정입니다. 그 끝에서 우리는 꿈 사고, 즉 무의식의 진실을 만나게 됩니다.

꿈 작업은 다시 압축, 전치, 표현 가능성에 대한 연구, 2차 가공이라는 4개의 서로 다른 방법으로 구성됩니다. 우리는 이제 이 부분들을 하나씩 살펴볼 거예요. 그런데 사실『꿈의 해석』6장에는 이 네 가지 말고도 다섯 가지가 더 언급되어 있답니다. 꿈 작업의 다른 요소들에는 꿈이 표현하는 방식, 꿈속 상징, 꿈에 나오는 계산과 말, 꿈속 지적 활동, 꿈속 감정이 있습니다.

어렵다고요? 걱정 마세요. 3분 뒤에는 아주 쉬워집니다. 꿈이 어떻게 만들어지는지 설명하는 부분이라서 개념들이 어렵게 들리지만, 사례 몇 가지만 보면 무슨 말인지 쉽게 이해할 수 있을 거예요. 네 개의 중심 기법은 뒤에 자세히 설명할 테니, 지금은 그 밖의 나머지 것들을 잠깐씩 살펴봅시다.

'꿈이 표현하는 방식'에서 눈여겨봐야 할 것은 '언어'입니다. 프로이트는 꿈 사고가 꿈 내용으로 변할 때 가장 중요한 역할을 맡는 것이 언어라고 설명해요. 어떤 남학생의 꿈에 커다란 크리스털 샹들리에가 번쩍번쩍 빛나는 아름다운 방이 나왔다면, 그건 친구 수정이에 대한 꿈일 수 있다는 거죠. '수정'이 영어로 '크리스털'(crystal)이잖아요.

꿈이 표현하는 방식 가운데 가장 흔한 놀이가 바로 언어유희입니다. 꿈이 표현하는 언어유희 방식을 하나 더 살펴볼까요? 꿈에 카페라테가 나왔다면 이걸 어떻게 해석할 수 있을까요? 물론 몇백 가지로 분석할 수 있겠지만, 우리는 이를 개인의 개별적인 경험 속에서 분석해야 합니다. 왜 아메리카노가 아니라 카페라테일까요? 카페라테에는 뭐가 들어가죠? 그래요, 우유입니다. 우유는 모유, 어머니와도 관련될 수 있는 재료죠. 꿈꾼 사람이 꿈꾸기 전날 어머니 생각을 많이 했다면, 꿈속의 라테는 어머니와 관련된 단어일 겁니다.

'꿈에 나오는 계산과 말'도 언어유희의 연장선에서 이해할 수 있어요. 내용이 숫자와 대화로 확장된 거죠. 다시 수정이라는 친구가 있는 남학생의 사례로 돌아가 볼까요? 꿈에 그 학생이 자기 친구에게 "저 크리스털 샹들리에 좀 봐. 아주 예쁘지 않니? 정말 눈부시게 아름답다."라고 말했다면, 이 학생은 분명 수정이를 아주 많이 좋아하고 있는 거예요. 숫자로 해 볼까요? '52'라는 숫자가 꿈에 나왔다면, 그것은 얼굴이 길어서 '오이'라는 별명으로 불리는 내 친구를 뜻하는 것일 수 있습니다. 1장에서 제 꿈에 〈노예 12년〉이라는 영화가 나왔던 이야기(29쪽~31쪽)를 들려드렸죠? 지난 12년 동안의 시간이 너무 힘들어서 그 기억이 '노예'라는 단어와 '12'라는 숫자의 연합으로 표현되었죠.

'꿈속 상징'은 일반적으로 사람들이 공유하는 꿈 내용에 관련된 것이에요. 그런데 문제가 많은 부분이라 나중에 따로 살펴볼 거예요.

'꿈속 지적 활동'과 '꿈속 감정'은 의식의 입장에서는 이해하기 어려운 경우가 많죠. 부조리한 사고도 있고 이해할 수 없는 느낌도 있잖아요. 그 부분들은 모두 꿈 분석 과정에서 또 다른 이야기들을 들려주게 됩니다. 이 경우에도 가장 중요한 것은 언어 분석입니다. 꿈의 왜곡에서 설명드렸듯이 드러난 내용 이면에 많은 이야기들이 숨어 있죠. 이것을 설명하려면 먼저 압축과 전치에 대해 간략히 이야기해야겠네요.

아주 많은 내용이 단어 하나, 또는 단어의 일부분에 해당하는 조각에 응축된 경우를 '압축'이라고 해요. 중요한 조각과 중요하지 않은 조각이 자리를 바꾸어 나타나는 것은 '전치'라고 합니다. '꿈속 감정'은 자리 바꾸기, 즉 전치와 관련될 수 있습니다. 사랑하는 사람에게 불같이 화를 낸다거나, 미워하는 사람에게 사랑한다고 고백하는 등 말도 안 되는 부조리한 꿈들이 여기에 해당돼요. 꿈은 정반대라는 말도 여기서 나오는 거죠. 또 슬픈 꿈인데 그 슬픔이 사실은 진짜 내용을 위장하는 데 사용되는 경우도 전치와 관련됩니다. 중요한 부분이 별것 아닌 듯 언급되고, 그리 중요하지 않은 부분이 부각되는 것도 전치 과정입니다.

꿈에는 말도 안 되는 이름이 나타나기도 하고, 계산이나 시간의 흐름이 뒤바뀌는 등 부조리한 부분들이 나타납니다. 꿈은 불합리하고 부조리한 것들을 마치 논리적인 생각인 듯 펼쳐 낸답니다. 프로이트는 '꿈속 지적 활동'이 이런 부조리한 꿈을 만든다고 말합니다. 이때도 역시 압축과 전치의 과정이 이용되죠.

그럼 이제 『꿈의 해석』의 중심이라 할 수 있는 꿈 분석 방법론들을 살펴봅시다.

압축, 한 조각의 꿈으로 책 한 권 쓰기

꿈에 관련된 강연을 하면 으레 나오는 질문이 있습니다. "꿈이 거의 기억나지 않아요. 그냥 몇 부분만 생각나요." 프로이트는 그 몇 부분에 책 한 권을 쓸 수 있을 정도의 이야기가 담겨 있다고 말합니다. 그 이야기들이 조각 하나에 압축된 거죠. 그래서 프로이트는 "적었을 때 겨우 반 쪽 정도인 꿈도 그 이면의 꿈 사고를 분석하면 족히 여섯 배, 여덟 배, 열두 배는 되는 분량이 그 속에 들어 있다는 걸 알게 됩니다."(279/284)라고 말해요.

그렇다면 이 많은 이야기들이 어떻게 하나의 지점에 다 모이게 되었을까요? 프로이트는 신경 세포인 뉴런을 생각해 보라고 말합니다. 하나의 뉴런이 다른 뉴런에게 정보를 전달하는 방식으로, 모든 기억은 꼬리에 꼬리를 물고 다른 기억들과 이어져 있어요. 그런데 뉴런이라는 신경 세포의 생김새를 보면 보통 세포와 달리 길쭉하고, 정보를 받아들이는 수상 돌기들이 튀어나와 있어요. 그래서 다른 많은 뉴런들에서 자극을 전달받죠.

프로이트는 이처럼 기억도 하나의 조각이 수많은 관련 조각들로 이어진다고 생각했어요. 현실의 경험 속에서 주제어가 하나 나오면, 그 주제어와 관련되는 수많은 조각들이 동시에 연결되는 거죠. 그렇게 이어진 조각들의 중심에 있는 하나의 단어 또는 단어의 세부가 압축된 내용을 담고 의식으로 올라옵니다.

이제 「욥기」 꿈을 마무리할 때가 왔군요. 꿈꾼 여학생이 어떤 남자와 함께 들판을 걷고 있는데, 갑자기 둘 다 온몸에 종기가 나서 고름이 뭉글뭉글 솟아오르는 꿈이었죠. 그 여학생의 아버지가 목사님이시고, 설교 중 「욥기」에 대해 언급하셨기 때문에 욥이 겪은 고통 가운데 하나인 종기가 꿈 내용으로 나타난 것이었고요. 종기라는 단어에는 엄청난 분량의 이야기가 압축되어 있어요. 이 여학생은 성서의 내용을 잘 알고 있습니다. 그리고 아버지는 실제로 종기 때문에 고생하신 적이 있어요. 처음에는 이 꿈이 시험 전날이라 학교 가기 싫은 꿈으로 볼 수 있다고 말했습니다(36쪽). 다음에는 아버지를 향한 원망이 담긴 꿈으로도 볼 수 있다고 했고요(101쪽).

또 다른 분석을 시도해 볼까요? 성서를 공부할 때 주일 학교 교사인 교회 오빠가 「욥기」를 아버지와는 다른 해석으로 설명한 적이 있어요. 여학생이 그 이야기를 아버지께 전했는데 아버지께서 오빠를 불러다 야단을 치셨죠. 시험, 설교, 아버지, 교회 오빠, 「욥기」라는 꿈의 요소들이 있고, 더 나아가 소리 지르던 아버지의 목소리, 오빠가 평소 내게 보여 주던 미소, 종기 때문에 괴로워하시던 아버지 등과 다시 연결됩니다. 정말 많은 내용이 연결되네요. 「욥기」는 아버지와 오빠의 접점입니다. 여기서 우리는 꿈꾼 학생이 어떤 생각을 했는지 분석해 나갈 수 있습니다. 학생은 교회 오빠를 좋아했어요. 그런데 아버지께서 오빠를 호되게 꾸짖으신 후 오빠가 교회에 나오지 않자 아버지를 미워하게 되었죠. 언젠가 아버지를 괴롭혔던 종기가 떠오릅니다. 그렇다면 온몸에 종기가 난 사람은 아버지겠네요. 그런데 왜 꿈에는 자기 몸에도 종기가 났던 걸까요?

꿈을 조금 더 들여다볼까요. 성서 속 욥의 이야기를 봅시다. 「욥기」는 괴테(1749~1832)의 『파우스트』의 전신으로, 사탄이 욥을 시험하는 이야기입니다. 욥은 온갖 시련 속에서도 끝까지 신을 원망하지 않죠. 이 이야기의 중심 주제는 믿음과 그 일관성입니다. 그렇다면 학생의 꿈은 오빠를 끝까지 믿겠다는 의지와 관련된 것일 수도 있어요. 욥이 그랬던 것처럼 오빠를 향한 마음이 결코 변하지 않을 것이라는 학생의 다짐과 믿음이 담겨 있죠.

〈부스럼으로 욥을 치는 사탄〉

윌리엄 블레이크, 1821

가운데에 선 사탄은 발바닥에서 머리 꼭대기까지 욥의 온몸에 부스럼이 나게
만든다. 그러나 몸져누운 욥은 이번에도 신에 대한 믿음을 잃지 않는다.

그래서 자기 몸에도 종기가 났던 거고요. 누군지 확실하지 않던 남자는 교회 오빠일 수 있습니다. 오빠가 힘든 시간을 보내고 있을 것 같다는 생각 때문에 오빠가 욥으로 등장했을 수 있죠.

해석이 계속 추가되죠? 이와 같이 꿈을 꾼 사람이 연상을 이어 가며 계속 분석하다 보면 이야기가 책 한 권 분량만큼이나 복잡해집니다. 그리고 어떤 연상이 이어지는가에 따라 결말은 완전히 달라지죠.

꿈 분석의 목적은 하나의 결론을 찾는 것이 아니에요. 꿈 분석은 다양한 꿈 작업을 바탕으로 다층적인 결론들을 명상하는 과정입니다. 이 과정에서 우리는 우리 마음속에 있던 수많은 생각을 만나게 됩니다. 그리고 그 해석들을 통해 내가 생각하지 못했던 내 이야기들을 들을 수 있습니다. 피해 왔던 문제, 외면했던 내 진심, 관심을 기울이지 않았던 내 과거, 생각하고 싶지 않던 미래가 작은 꿈 조각을 통해 눈앞에 펼쳐집니다.

수많은 이야기가 압축을 거쳐 꿈의 한 조각으로 빚어진다면, 전치는 그 조각들의 무게를 뒤바꾸어 꿈 내용을 더욱 복잡하게 만듭니다. 꿈 분석은 꿈 작업의 반대 방향으로 이야기를 한 올씩 풀어내는 방법론입니다. 무게가 잘못 표시된 곳을 다시 뒤바꾸고, 압축된 서사들을 펼쳐서 꿈 사고의 지도를 드러내는 거죠. 자, 이제 전치에 대해 살펴봅시다.

전치, 중요한 내용 숨기기

꿈 사고가 그대로 꿈 내용이 될 수는 없습니다. 의식이 준비되지 않은 상태에서 무의식의 진실들이 한꺼번에 밀려오면 우리는 그 것을 감당할 수 없을 거예요. 물론 매우 성숙한 상태가 되면 검열이나 왜곡도 웬만큼 완화됩니다. 나 자신에게 거짓말을 하려고 하지 않아도 되기 때문이죠. 그러나 미숙한 상태에서는 왜곡과정이 더욱 심하게 진행되는데, 이때 자주 사용되는 것이 전치과정입니다.

프로이트는 꿈 전치와 꿈 압축이 "꿈의 형태를 주조하는 두가지 근본 요인"이라고 설명합니다(308/313). 전치 과정에서는 전혀 중요하지 않은 것을 전면에 내세웁니다. 그것에 시선이 머물게 하면서, 실제로 중요한 내용을 구석 어딘가에 감추는 거죠.

앞의 꿈을 보면 종기가 중심 요소처럼 등장하는데, 그 이미지가 우리를 속일 수 있다는 겁니다. 꿈꾼 이가 실제로 강조하는 점은 '끝까지 오빠를 믿고 포기하지 않겠다.'는 신뢰와 의지인데, 꿈의 내용을 보면 신뢰나 의지와 관련된 부분은 거의 보이지 않거나 꿈의 아주 사소한 부분에 살짝 묻어 있기만 합니다.

꿈의 내용만 생각하면 '종기가 난 사람은 정말 괴롭겠다.', '몸이 안 좋은가?', '몸이 진짜 가렵기 시작하네.' 같은 연상을 하게 될 수 있습니다. 그러나 이는 전치를 고려하지 않았을 때 빠지게 되는 덫입니다. 더 깊이 분석을 진행하여 아버지의 종기, 아버지에 대한 원망 등으로 해석을 확대하고 종기가 난 사람이

〈개인적 가치〉

르네 마그리트, 1952년

이 그림 속 장면에서는 기존의 관계들이 모두 뒤바뀌어 있다.
크기와 위치가 달라진 사물들은 압축과 전치를 통해 만들어진
꿈 내용을 연상시킨다.

아버지라고 결론짓는 것 역시 전치를 고려하지 않은 상태에서 순수하게 분석하는 것입니다.

종기, 아버지, 원망이라는 연상을 조금 밀어내면, 꿈의 또 다른 내용이 보입니다. 몸에 종기가 난 또 다른 한 사람에 대해 물어봤을 때 학생이 "그런데 그 사람은 꽤 젊었어요."라고 답한다면, 바로 이 부분이 꿈의 핵심으로 가는 실마리일 수 있습니다.

이제 종기가 전혀 다르게 보입니다. 융, 젊음, 오빠로 연상을 이어 가면 종기는 의지, 신념, 믿음, 사랑에 이르게 되겠지요. 이 가상 사례에서는 이렇게 분석하는 것이 더욱 적절합니다. 내 이야기인데 마치 아버지에 관한 이야기처럼 자리를 바꾸어 내용이 빚어졌던 거예요. 오빠를 그만큼 좋아한다고 말하기가 부끄럽거나, 아버지께서 아시면 어쩌나 걱정하고 있는 상황일 수도 있네요. 그래서 무게가 뒤바뀌는 겁니다.

4장에서 살펴본 언니의 둘째 아들 장례식 사례(83~85쪽)도 초점이 다른 곳에 맞추어져 있었죠? 장례식과 슬픔이 전면에 있지만, 꿈꾼 이가 실제로 생각하고 있던 건 장례식·남자·사랑·그리움이었습니다. 그 남자가 보고 싶은데, 그렇게 꿈 내용을 만들어 버리면 문제가 생겨요. 언니가 반대하는 사람이라서 현실에서는 더 이상 그 남자를 생각하지 않는 척했죠. 어릴 때부터 자기를 키워 준 언니에게 늘 고마움을 느끼는 착한 동생은 언니를 화나게 만드는 생각은 되도록 피하고 싶을 겁니다. 그런데 그 남자가 너무 좋은 걸 어떡하나요? 전치는 이때 꿈 작업이 사용하는 전략입니다! 강세를 바꾸는 거예요. '내가 사랑하는 그 남자가 장례식에 왔었어. 그 남자를 다시 보고 싶어.'에서 '남자'가 아닌 '장례식'을 강조하는 겁니다.

이런 강세 이동에는 난센스 퀴즈를 만드는 창조력과 기발함이 동반되기 때문에 이를 분석하는 방식 역시 창조적이어야 합니다.

내 안의 또 다른 나, 이상적 자아와 자아 이상

5장에서 살펴본 훈제 연어 꿈(93~95쪽)에서도 꿈 내용의 중심은 저녁 식사 초대였어요. 그러나 저녁 초대 자체는 별로 중요한 요소가 아니었죠. 진짜 중요한 점은 전혀 중요하지 않은 것처럼 숨어 있습니다. 바로 연어죠. 훈제 연어는 친구가 좋아하는 음식이고, 이 꿈은 친구에 대한 질투와 모방에 관련된 것이니까요. 친구를 노골적으로 부러워하는 꿈을 꾸는 건 무척 창피하잖아요. 우리는 언제나 우리 자신을 감시하고 있답니다. 그래서 창피한 모습은 되도록이면 가리려고 하죠.

내가 눈치를 보는 내 안의 나를 '이상적 자아'라고 합니다. 눈치를 본다는 건 당당하지 못하다는 거겠죠. 우리는 이상적 자아의 눈치를 보면서 외적 기준에 맞추어 나 자신의 이미지를 다듬게 됩니다. 꿈도 이런 경향을 그대로 반영해서 꿈 작업을 합니다. 이 경우에는 전치 작업이 아주 활발하게 일어납니다. 숨길게 많을 테니까요.

성숙한 상태가 되면 눈치를 보지 않을까요? 아닙니다. 눈치를 보는 대상이 바뀌죠. 성숙한 사람이 의식하는 대상은 이상적 자아가 아니에요. 그 사람은 자기 이미지가 좀 무너져도 괜찮아요. 그걸 견딜 수 있을 만큼 강한 어른이기 때문입니다. 그러나 그 사람도 내부에 또 다른 자기를 가지고 있어요. 그 대상을 언제나 마음에 품고 다니며, 모든 생각과 말과 행동을 이 대상과 관련짓습니다. 그것을 '자아 이상'이라고 해요.

이상적 자아의 눈치를 보고 다른 사람을 끊임없이 모방하던 시기와 비슷해 보이기도 하지만, 상황이 전혀 다릅니다. 미숙한 사람이 이상적 자아에 갇혀 외적 환경에 휘둘린다면, 성숙한 사람은 자아 이상과의 관계 속에서도 자기의 든든한 중심을 지킬 수 있거든요. 성숙한 사람이 늘 신경 쓰는 마음속 대상은 보편적 가치로 확장될 수 있습니다. 예를 들어 식민지 시대에 사는 사람이라면 그 대상이 조국일 테죠. 테레사 수녀님이라면 그 대상이 인류 전체일 겁니다. 다른 사람에게 휘둘리는 사람의 꿈과 인류애를 실천하는 사람의 꿈은 왜곡의 정도가 조금 다를 거예요. 그러나 꿈을 분석하는 방식은 똑같습니다.

성숙하지 못한 사람의 경우 자아 이상에 의해서도 구속당할 수 있습니다. 아버지의 이미지, 법, 규율 등의 자아 이상에 우리의 삶이 경직될 수도 있다는 뜻이에요. 우리는 그런 자아 이상을 '초자아'라고 부르죠. 내 몸과 마음이 다칠 정도로 규율에 얽매여 살게 되면 다시 무의식의 진실이 가려지겠죠.

우리는 지금까지 꿈 작업에서 가장 중요한 압축과 전치라는 두 가지 과정을 살펴보았습니다. 이제 꿈 작업에서 세 번째로 중요한 표현 가능성에 대한 연구를 알아봅시다.

표현 가능성에 대한 연구

꿈 사고가 꿈 내용으로 바뀌는 과정에서 빼놓을 수 없는 중요한 과정은 꿈 사고의 핵심을 또 다른 맥락으로 변형하여 표현하는 번역 작업입니다. 그것은 하나의 언어를 다른 언어로 번역하는 것처럼, 꿈 사고의 언어를 꿈 내용이 표현되는 또 다른 언어로 바꾸는 과정입니다. 이때 언어는 매우 중요한 역할을 해요. 특히 이중 의미가 있는 언어는 꿈 작업이 아주 좋아하는 재료랍니다.

꿈은 기발한 창조력으로 꿈 사고를 표현합니다. 프로이트는 헤르베르트 질베러(1882~1923)라는 분석가가 제시한 꿈 번역 사례들을 토대로 이것을 설명합니다. 그 사례들 가운데 하나를 함께 살펴볼까요.

꿈 사고: 논문에서 매끄럽지 못한 부분을 손질해야 할 것 같다는 생각이 든다.
꿈 내용: 내가 나뭇조각에 대패질을 하고 있는 이미지가 보인다.(344/350)

이야기를 만들어 볼게요. 만약 어떤 학자가 정성을 들이지 않고 급하게 논문 한 편을 써서 학회에 투고했다면 속으로는 뭔가 좀 껄끄러운 느낌이 있을 거예요. 그러면 안 되는 일을 했으니까요. 최선을 다하지 않고 논문을 썼다는 사실을 그 누구보다 자신이 더 잘 알겠죠.

그 사실을 부정하거나 별일 아닌 듯 넘겨 버린 뒤 그 사람은 위의 꿈을 꾸게 됩니다. 꿈속에서 그는 자신이 나뭇조각에 대패질을 하는 모습을 봅니다. 왜 그런 꿈을 꿨을까 잠깐 의아해하겠지만 별 생각 없이 넘어가겠죠. 그러나 이 꿈을 보면 무의식은 그의 행동들을 알고 있습니다. 무의식적으로는 매끄럽지 못한 부분을 손질하지 못한 채 논문을 급히 투고했다는 생각을 하고 있던 거죠. 껄끄러운 느낌이 더욱 생생해지면서 대패질하는 이미지가 탄생합니다.

이 꿈만 보면 이미지가 중요할 것 같은데, 프로이트는 언어가 이미지보다 더 중요한 역할을 한다고 말합니다. 꿈에서 '조각'이라는 단어는 논문을 쓰면서 '뭔가 산만하고 파편화되어 있다.'고 생각했던 부분과 관련됩니다. 또한 꿈꾼 이는 논문을 쓰면서 속으로 '산만한 조각들을 이어 붙이지 못하겠다.'고 생각했어요. 나뭇조각에 대패질을 하는 이미지는 다듬는다는 뜻과 더불어 '깎다'라는 표현과도 연결되는데, 그건 늘 이 사람을 '깎아내리는' A라는 사람과 관련되어 있습니다. 스스로 그런 미흡한 논문을 쓴 자신을 깎아내리는 것일 수도 있고요. 만약 그가 평소에 "사람이 좀 모가 났다."는 평을 들어 왔다면, 그런 자신의 모서리들을 깎고 다듬는 이미지라고 볼 수도 있습니다. 사실은 다듬어져서 다른 사람들과 무리 없이 지내고 싶은 거죠.

여기서 알 수 있듯이, 표현 가능성에 대한 연구라는 번역 과정에는 이미 전치와 압축의 과정이 들어 있습니다. 언뜻 보기에는 논문 이야기가 강조되지만, 그보다 더 중심적인 꿈 사고는 모난 성격을 고치고 싶은 마음일 수 있습니다. 논문이 아니라 자신의 성격이 실제 주제였던 거죠. 대패질이라는 단어 속에 논문을 다듬는 일, 자신을 깎아내리는 사람, 모난 성격을 바꾸고 싶은 마음이 모두 압축되어 있기도 합니다. 그렇다면 이 세 작업은 각각 독립된 상태로 일어나는 개별적인 과정이 아니라 꿈 사고에 동시에 가해지는 가공 과정이라는 것을 알 수 있습니다.

여기에 맨 마지막으로 추가되는 것은 이렇게 만들어진 꿈 내용을 더욱 매끄러운 이야기로 연결하는 2차 가공입니다. 그것은 빈틈을 메우는 땜질 작업으로, 2차 가공을 거쳐 새로 만들어진 부분들은 꿈 해석을 할 때 걸림돌이 되기도 합니다. 주제와 직접적인 관련 없이 나중에 채워진 내용이기 때문입니다. 그러면 2차 가공의 사례들을 살펴봅시다.

2차 가공

집에서 방을 어질러 놓고 놀다가 어머니께서 현관문을 여시는 소리에 재빨리 이것저것 주워 담거나 아무 곳에나 올려놓아 방을 치운다고 생각해 봅시다. 그렇게 정리를 하면, 나중에는 뭘 어디에 두었는지 생각나지 않을 겁니다. 정리한 것처럼 보이긴 하지만, 이건 혼돈과 다름없습니다. 꿈의 마지막 과정에서 일어나는 혼란스러운 정돈, 그것이 바로 2차 가공입니다.

압축하고 전치하고 번역해서 꿈을 거의 다 만들었는데, 이제 깨야 할 시간이 다가옵니다. 의식이 밀려오면 내면의 생각들을 문제 삼을 가능성이 높아요. 의식은 꿈을 검열하고 문제를 부정하며 다 괜찮은 척하잖아요. 그래서 무의식은 꿈의 조각들을 꿰어 의식이 별 문제를 삼지 않을 만한 이야기를 만들어 냅니다. 순식간에 일어나는 과정이고 부랴부랴 빈 곳을 대충 채워 메우는 작업이죠. 우리가 잠에서 깨어난 뒤에 기억하는 이야기는 그렇게 만들어집니다.

일어나야 하는데 잠이 너무 달고 냇물이 나오는 꿈도 아직 다 꾸지 못한 상황이에요. 그래서 좀 더 자기로 합니다. 그때 다음 꿈을 꾸게 됩니다. 냇물을 건너려고 한쪽 발을 담그다 갑자기 마음을 바꿔 발을 빼고 거기 머물러요. 잠을 더 자고 싶은 마음이 하나의 장면으로 번역되었네요. 시냇물을 건너지 않고 이쪽에 머무르는 거죠. 깨지 않으려고 하는 마음을 잘 포착했군요. 그런데 이 부분은 전혀 중요하지 않아요. 깨기 직전의 느낌이 순식간에 이야기에 더해져서 꿈 조각들을 하나의 이야기로 붙든 것일 뿐입니다.

2차 가공에 따른 이야기만 보면 표면적인 내용만 보입니다. 즉 냇물을 건너지 않고 한쪽에 머문다는 이야기를 중심으로 꿈을 분석하면 처음에는 중요한 해석들이 나오지 않아요. 그냥 잠을 더 자고 싶었다는 이야기잖아요. 그걸 분석하려고 꿈 분석을 하는 건 아니죠. 진짜 중요한 것은 이 내용을 구성하는 조각들입니다. 그 조각들만이 우리를 꿈 사고로 데려다 줍니다.

냇물이 나오네요. 한쪽 발을 담그는 행동이 나왔고, 냇물을 건너려는 이야기도 있어요. 이쪽에 머무른다는 표현도 있고요. 자, 이제 2차 가공을 걷어 내고 조금 더 깊이 다시 생각해 봅시다.

꿈꾼 학생은 루비콘 강을 생각하고 있어요. 이 강은 한번 선택하면 돌아오지 못하는 길, 돌이킬 수 없는 일과 관련된 단어죠. 학생은 지금 이과를 갈지 문과를 갈지 선택해야 해요. 일어일문학과에 가고 싶은데, 집에서는 돈을 잘 벌 수 있는 이과를 가라고 하세요. 부모님께 뭘 말씀드리는 일은 너무 힘들어요. 늘 야단만 치시거든요. 학생은 그냥 아무 말도 안 하는 편이 낫다고 생각합니다.

어제는 일본에서 살다 온 친구가 지브리 스튜디오*에 다녀온 이야기를 해 주었어요. 꿈을 꾼 학생은 미야자키 하야오의 애니메이션들을 보면서 일본어를 혼자 공부했는데, 하도 많이 봐서 대사를 거의 다 외울 정도죠. 친구를 만나고 돌아오는 길에 집에 가서 자기 결심을 부모님께 말씀드려야겠다고 마음먹습니다. 그렇지만 식탁에서는 입이 떨어지질 않았어요. 그래서 또 아무 말

---

* 미야자키 하야오가 설립한 애니메이션 회사. 〈이웃집 토토로〉, 〈센과 치히로의 행방불명〉, 〈하울의 움직이는 성〉을 비롯한 많은 걸작 애니메이션을 만들었다.

못하고 그냥 가만히 있었죠.

이런 소극적인 자세는 꿈에서 발을 다시 빼는 행동으로 표현됩니다. 물을 건너려고 발을 담그는 행동은 어떤 변화를 위해 적극적인 자세를 취하는 것인데, 이 의지를 끝까지 관철하지는 못하는군요. 강을 건너지 않으려 하는 것으로 미루어, 학생은 그냥 이과를 가려나 봅니다. 꿈 사고는 일어일문학과에 가고 싶은 마음, 현재의 선택에 대한 불안함 등과 관련되어 있습니다.

잠깐만요. 그렇다면 2차 가공의 서사를 깊이 있게 분석한 셈이잖아요? 아까 말하기를, 나중에 덧붙인 이야기는 중요하지 않다면서요? 네, 겉만 분석하면 중요하지 않아요. 그런데 자유 연상을 통해 깊이 내려가면 급하게 만들어진 이야기조차 마음속 이야기와 연결될 수 있습니다.

프로이트는 꿈에 관련된 모든 이야기가 다 꿈 해석과 관련된다고도 말했어요. 아무리 사소해 보여도 다 어떤 이야기를 하고 있다는 거죠. 깨어나면서 급하게 만들어진 이야기나 꿈에서 깨어난 뒤 연상에 따라 부연된 이야기도 다 중요하다는 거죠. 프로이트는 그런 것들도 모두 내 안에서 올라오는 이야기이기 때문에 나에 대한 어떤 진실을 알려 줄 수 있다고 설명합니다. 아까와는 다른 이야기를 하고 있죠?

꿈을 떠올리면서 "그런데 그 냇물이 무척 차가웠던 것 같아."라고 말한다면, 나중에 부연한 부분이죠. 이것도 중요하다는 거예요. 차갑다는 표현은 부모님에 대한 학생의 느낌이 반영된 것이거든요. 그렇다면 2차 가공에 따라 급하게 만들어진 이야기도 꿈 분석을 가로막는 장애물이라기보다는, 더 많은 이야기를 분석할 수 있는 또 다른 재료로 간주될 수 있겠네요.

그래서 모든 2차 가공을 다 무시해서는 안 됩니다. 가능한 모든 것을 세밀히 분석해야죠. 잠에서 깨기 싫었다는 것 또한 내 상황을 이야기해 주고 있잖아요. 차갑다는 표현보다는 덜 중요하지만, 그 단순한 이야기가 어떻게 연결될지 우리는 아무도 모릅니다. 잠에서 깨기 싫다는 표현은 삶에 대한 회의를 뜻할 수도 있어요. 하루하루가 재미있고 어서 어른이 되고 싶다면, 왜 아침에 일어나는 게 싫고 학교에 가는 게 재미없고 세상으로 나가는 게 기다려지지 않겠어요? 이렇게 되면 2차 가공이라고 무시했던 부분조차 우리에게 그 학생에 관한 또 다른 이야기, 즉 무의식의 진실을 들려줄 수 있게 되죠.

그런데 꿈의 조각들은 어디서 만들어질까요? 꿈의 재료는 무엇일까요? 이제 꿈을 빚어내는 재료들에 대해 생각해 봅시다.

꿈의 조각들은
어디서 오는 걸까?

7

꿈 재료 1. 최근의 경험

프로이트는 꿈이 사용하는 재료 가운데 가장 자주 사용되는 것
은 최근 경험에서 비롯된 인상이라고 말합니다. 이 경험은 꿈 사
고와 관련될 수도 있고, 꿈 내용을 만들 때 이용될 수도 있어요.

어제 지나쳤던 빨간 벽돌집이 꿈 사고를 만드는 재료로 사용
되는 경우를 생각해 볼까요. 별 생각 없이 지나쳤지만, 그 집은
꿈꾼 이의 가족이 예전에 월세를 살았던 집과 비슷했습니다. 그
때 주인집 아이에게 텔레비전을 한 번만 보여 달라고 비굴하게
조르다가 어머니께 엉덩이가 터지도록 맞은 경험이 있죠. 이와
같은 꿈 사고의 조각들이 권투 시합 생중계라는 꿈 내용으로 바
뀌어 나타났다고 해봅시다. 매를 맞는다는 것과 텔레비전이 연
관되어 권투 시합 생중계로 나타났고, 매를 맞으면서 '동네 사
람들이 다 듣겠다.'고 생각했던 것이 '생중계'로 변형되었습니
다. 주인집 아이를 흠씬 때려 주고 싶은 마음이 '권투'라는 종목

을 선택하게 했을 수도 있겠죠. 권투 시합 생중계 예시에서처럼 만약 꿈 사고가 빨간 벽돌집이라는 조각을 중심으로 구성되었다면, 그것이 꿈 내용으로 바뀔 때는 전혀 다른 이미지가 나올 수 있습니다.

프로이트가 꿈의 재료라고 했을 때는 꿈 사고를 만드는 재료만을 뜻합니다. 그렇지만 우리는 꿈 사고가 꿈 내용으로 바뀔 때 마지막 2차 가공 과정에서 추가되는 재료에 대해서도 생각해 볼 수 있을 듯해요. 빨간 벽돌집이 꿈 내용의 재료로 사용되는 경우는 조금 쉽습니다. 그 이미지가 바로 꿈에 나오니까요. 그러나 분석을 하기 위해서는 다시 복잡한 연상 과정을 거쳐야 합니다.

예를 하나 들어 볼까요. 건축학과에 다니는 형이 내일 과제로 제출해야 하는 '내가 살고 싶은 집' 모형을 만들다가 숙제를 끝내지 못하고 잠이 들었어요. 이튿날 아침 9시 수업인데 8시에 시계가 울리죠. 그때 형은 꿈에 어제 인터넷에서 보았던 빨간 벽돌집을 봅니다. 사진에는 외관만 나와 있었는데, 꿈속 모형에서는 구석구석이 아주 자세하게 보이네요. 이건 걱정 안 하고 싶은 꿈입니다. 즉 꿈에서 숙제를 한 거예요!

어제 빨간 벽돌집 사진을 보면서 형은 여자 친구와 결혼하고 저런 예쁜 집에서 살면 좋겠다고 생각했어요. 숙제 때문에 바쁜 와중에도 형은 은행 잔고를 확인하고는 좌절했어요. 이런 상황에서 '안정된 삶'이란 불가능한 꿈이라고 생각했죠. 며칠 전 여자 친구 생일에 귀고리를 선물했는데, 비싸 보이는 싼 귀고리를 사느라 고생했습니다. 이렇게 이야기가 계속 연결됩니다.

그런데 최근 경험에서 비롯된 재료가 왜 어떤 때에는 꿈 사고로 나타나고, 어떤 때에는 꿈 내용으로 사용되는 것일까요? 그 이미지와 관련된 이야기를 별 무리 없이 떠올릴 수 있다면 꿈 내용에 나오도록 허락될 것이고, 그것이 무척 괴로운 일이나 힘든 경험과 관련된다면 가능한 한 그 이미지를 꿈 내용으로 드러내고 싶지 않을 겁니다.

그러나 정말 보고 싶지 않은 이미지가 꿈에 나오는 경우도 있습니다. 빨간 벽돌집이 생각하고 싶지 않은 과거의 조각인데도 꿈에 늘 그 집이 보일 수도 있어요. 이유 없이 무섭고 기분도 나쁘죠. 그건 뭘까요? 이 사례는 생각하기 싫은 사람이 꿈에 나온 경우와 비슷해요. 문제가 있는 부분이나 풀리지 않는 사건으로 자꾸 돌아가게 되는 건 그걸 해결해 보려는 노력이거나 그것에 무뎌지기 위한 시도일 수 있습니다. 그렇다면 그 빨간 벽돌집은 우리가 단단히 잠근 기억의 문 저편에 있는 내용일 수도 있겠군요. 이제는 기억할 때가 된 거죠.

이와 같이 최근 경험은 다양한 방식을 통해 꿈 재료로 사용됩니다. 눈이 머무른 모든 곳, 귀가 들은 모든 이야기, 피부가 느낀 모든 촉감이 잠재적인 꿈 재료로 준비되어 있습니다. 빨간 벽돌집을 봤기 때문에 그 집이 꿈 재료로 사용될 수도 있고, 다른 경험 때문에 그 집이 꿈에 등장했을 수도 있어요. 책방에서 빨간 옷을 입은 여자가 내 앞을 지나간 뒤 빨간 벽돌집 꿈을 꿀 수도 있고, 우연히 집어 든 수학 문제집 표지에서 빨간 벽돌을 보고 그 꿈을 꿀 수도 있습니다.

아마도 꿈꾼 이는 그 순간 어떤 자극을 받았을 겁니다. 특정 경험이 자극으로 다가왔다는 말은 정보가 내부로 입력되었다는 것을 뜻합니다. 의식적으로 지각한 내용과 더불어, 주의를 기울여 선택한 것은 아니지만 은연중 내 안에 들어온 정보도 여기에 포함됩니다. 버스를 타기 전에 어떤 남자가 크게 웃는 소리를 들었는데, 금세 잊어버렸다고 합시다. 그런데 그 웃음과 관련된 내용 또는 그 웃음이 꿈에 나올 수도 있습니다. 의식은 흘려 버렸지만, 무의식의 차원에서는 그 이미지 또는 소리가 마음을 자극할 만큼 중요한 조각이었던 거죠.

프로이트는 모든 꿈이 언제나 최근의 경험과 관련된 조각을 포함한다고 주장합니다. 그런데 최근 경험과 전혀 무관한 꿈도 많지 않은가요? 최근 내용과 무관해 보여도, 꿈은 언제나 현재의 느낌과 걱정과 생각과 경험에 관련되어 있습니다. 그리고 모든 과거의 기억들은 연상의 흐름 속에서 현재의 한 부분에 연결되어 있어요. 무엇을 보든, 무엇을 듣든, 무엇을 느끼든, 현재의 조각들은 내 기억 속에 있는 과거의 닮은꼴들을 불러냅니다. 현재의 층위에 과거가 고스란히 공존한다고도 볼 수 있답니다. 그래서 최근에 보고 듣고 느낀 경험들은 직접적으로 또는 간접적으로 언제나 과거의 중요한 기억과 관련됩니다. 현재의 지도 속에서는 의미가 뚜렷하지 않거나 우연히 일어난 것처럼 보이는 일이 많지만, 과거의 기억에 사소한 일이란 없답니다.

지금은 사소한 듯 보이는 많은 일들이 10년 뒤에는 중요한 사건으로 바뀔 수도 있습니다. 왜냐하면 그 조각들에 의해 미래가 만들어졌기 때문이죠. 지금은 내가 왜 이 나라에 태어났고 왜 이 친구를 만났고 왜 그날 거기 있었는지 모르지만, 미래가 현재가 되는 날 우리는 예전에 시작된 필연을 깨닫게 됩니다. '너를 만나기 위해 내가 그렇게 살았다.'는 것을 깨닫는 연인들의 이야기에서도 지금 우연히 일어나는 일이 필연적 경험으로 바뀌는 과정을 볼 수 있습니다. 과거, 현재, 미래가 끊을 수 없는 실로 연결되어 있기 때문에 우리는 현재의 조각을 통해 꿈속에서 과거의 이야기를 복원할 수 있는 겁니다.

그렇다면 모든 꿈이 과거의 이야기에서 비롯된다고 말할 수도 있지 않을까요? 프로이트는 그렇다고 답합니다. 이번에는 프로이트가 강조하는 어린 시절의 경험에서 비롯된 꿈에 대해 살펴봅시다.

꿈 재료 2. 어린 시절의 일

프로이트는 꿈이 만들어지는 과정에서 어린 시절의 소원이 중요한 역할을 한다고 생각했어요. 여기서 프로이트의 가장 유명한 이론인 오이디푸스 콤플렉스가 탄생하거든요. 어린 시절 딸은 "커서 아빠랑 결혼할 거야."라고 말하고, 아들은 "아빠가 좋아, 엄마가 좋아?"라는 저 유명한 질문 앞에서 엄마를 선택한 뒤 어

<사물은 기묘하다>

듀안 마이클, 1973

과거와 현재가 맞물려 있는 이 연작 사진 속에서 우리는 시작과 끝을
찾을 수 없다. 과거는 현재에 이르고, 현재는 과거를 구성한다.
마찬가지로 꿈에서도 과거와 현재가 섞이고 맞물린다.

머니를 두고 아버지와 경쟁하죠. 그리고 아빠나 엄마를 빼앗기면 그들은 그들 나름의 방식으로 증오와 분노를 표현합니다. 저는 "해삼, 멍게, 말미잘"이라는 말을 반복했다고 하네요. 분노를 표출하는 저만의 방식이었던 거죠.

프로이트는 서로 다른 연상들의 조합으로 보관하고 있는 어린 시절의 경험과 기억이야말로 꿈을 만드는 가장 중심적인 재료라고 설명합니다. 부모님께서 싸우시는 모습은 아무리 잊으려 해도 잊히지 않는 장면들 중 하나죠. 그것은 우리의 마음에 깊은 상처를 남깁니다. 실제로, 사이코드라마*를 할 때 현재의 문제에서 시작해 그 문제와 관련된 태도와 기억들로 거슬러 올라가면 어린 시절의 경험에 맞닿게 되는 경우가 매우 많습니다.

소리 지르는 상사 앞에서 주눅 들어 아무 말도 못하고 얼어버리는 사원의 경우, 그의 반응이나 태도는 아버지와의 관계에서 비롯된 것일 수 있습니다. 폭력적인 아버지 앞에서 아무것도 하지 못하던 어린 시절로 돌아가는 거예요. 상사는 그 순간 아버지가 됩니다. 그리고 그 앞에서 아들은 예전처럼 얼어 버리죠. 그리고 아무 말도, 어떤 행동도 못한 채 무력해집니다.

과거와 현재가 중첩되는 순간 마음을 찢는 소음이 귓가에 울립니다. 이 정도의 자극은 쉽게 꿈으로 빚어져 또 다른 현실로 눈앞에 나타납니다. 어린 시절에 겪은 문제들이 시간의 길을 타

---

* 루마니아 출신의 정신과 의사 야콥 모레노가 고안한 심리치료 영역의 하나로, 언어보다는 자발적 활동을 중심으로 마음속 문제를 표현하도록 돕는다.

고 우리를 방문하는 거예요. 최근의 인상이나 자극에 의해 꿈 재료가 선택될 때도 그 조각들은 이미 어린 시절의 조각들과 연결되어 있습니다. 시간에 길이 나 있기 때문입니다. 우리는 그 길의 연장선에서 꿈의 재료를 선택합니다.

그렇다면 현재의 모든 순간에 어린 내가 존재하는 셈입니다. 귀를 막은 채 방 안에 쪼그려 앉아 있던 아이가 어른이 된 내 안에 웅크리고 앉아 있습니다. 꿈을 분석해 들어가면 그 끝에도 그 아이가 그렇게 앉아 있겠죠. 어떻게 해야 좋을까요? 분명한 건, 그냥 놔두어서는 안 된다는 겁니다.

꿈 분석은 우리의 삶과 매우 밀접하게 관련되어 있습니다. 꿈 분석을 통해 만들어진 이야기는 과거를 재해석하고 현실을 바꾸어 새로운 미래를 가능하게 합니다. 꿈 내용에서 꿈 사고로 분석해 들어가며 더욱 깊은 층위의 이야기를 대면했을 때, 즉 웅크리고 앉아 있는 아이를 만났을 때 우리는 결코 그 순간을 피해서는 안 됩니다. 꿈 분석이란 내 이상한 행동들, 치우친 생각들을 만들어 낸 마음속 씨앗들, 내 마음속 생채기들을 찾아가는 여정이기도 합니다.

그 아이를 만난다면 이야기해 줘야겠죠. "괜찮아. 그 상황에서는 얼어 버릴 수밖에 없었어. 네 잘못이 아니야." 그때는 아무도 나를 안아 주지 않았지만, 이제는 내가 어린 나를 안아 줄 수 있습니다. 분석의 끝은 실천의 시작입니다. 그 아이를 만났고 이해했다면 기울어져 있던 삶의 추가 바로 돌아오게 됩니다. 그러면 사람들이 보통 화를 내는 순간에 나도 화를 내고, 사람들이 기뻐할 만한 순간에 나도 기뻐할 수 있게 돼요. 현재의 행동을 분석하고 그것이 어떤 과거에서 비롯되었는지 이해한다면, 내일은 오늘과는 다른 방식으로 반응할 수 있게 됩니다. 그 가능성이 열리는 것, 그것이 바로 분석의 치유 효과입니다. 과거 기억과 분리된 현재에서는, 보통 주눅이 들어 늘 피하기만 하던 상사에게 다가가 "오늘 넥타이 멋지세요."라고 이야기할 수도 있겠죠.

그런데 신체 자극에서 만들어지는 단순한 꿈들도 어린 시절의 경험에서 비롯된 꿈처럼 분석할 수 있을까요?

꿈 재료 3. 신체 자극

한 학생이 치통으로 고생하는 중이라고 해 봅시다. 치과 치료라는 게 참 괴롭죠. 아프고, 또 빨리 끝나지도 않잖아요. 참을 만큼 참다가 치과에 가니 신경 치료를 해야 할 만큼 이가 썩어 버리는 경우도 있습니다. 그럴 땐 온종일 치통을 달고 살게 됩니다. 위쪽 어금니가 아파서 괴로운 시간을 보내는 학생 A가 다음과 같은 꿈을 꿨어요.

달콤한 육즙이 입안 가득 퍼지는 뜨거운 갈빗살을 한 입 물어뜯었습니다. 그런데 고기가 너무 뜨거워요. 씹으면 씹을수록 점점 더 뜨거워지더니 입속에서 활활 타는 느낌이 드네요. 혀가 다 녹아 버릴 것 같아요. 그래도 이만 있으면 씹을 수 있다고 생각하며 오물오물 해 봤는데 아래쪽에 이가 하나도 없어요. 입술에 이가 닿질 않는 거예요. 혹시 나도 모르게 치아를 다 삼킨 건 아닌가 걱정하다 잠에서 깹니다.

이 꿈은 대체 무슨 의미일까요? 통증이 꿈속으로 밀고 들어와 입속을 활활 태웠어요. 그런 통증은 도저히 모른 척 지나칠 수 없는 신체 자극이죠. 꿈에서는 달콤하고 뜨거운 갈비 때문에 이에 통증이 있다는 사실이 가려집니다. 점점 더 욱신거리고 아파 오지만, 그 괴로운 느낌에는 묘하게도 어떤 즐거움이 배어 있습니다. 갈비가 무지 맛있는 거예요. 혀가 다 녹아 버려도 계속 먹고 싶을 만큼 맛있는 갈비인가 봅니다.

또 이상한 것은 실제로 아픈 이는 위쪽 어금니인데, 꿈에서는 아랫니들이 사라집니다. A는 예전에 어머니께서 꿈에 윗니가 빠졌다며 할머니께 안부 전화 드리는 것을 본 기억이 있습니다. 어머니는 꿈에 윗니가 빠지는 것은 웃어른의 건강에 관련된 징조이고, 아랫니가 빠지는 건 아랫사람의 건강에 문제가 생긴다는 뜻이라고 하셨어요. 그런 기억을 가진 A의 꿈에 아랫니들이 모두 빠져 버렸다는 건, 꿈이 A보다 어린 사람에 대한 기억과 관련된다고 추측할 수 있습니다.

A에게는 남동생이 하나 있어요. 세 살 터울인 남동생이 태어난 뒤로 A의 인생은 정말 비참해졌습니다. 동생은 늘 어머니께 안겨 있었지만, A는 짐을 들고 어머니를 따라다녀야 했습니다. 넘어져도 얼른 일어나 옷을 털고 어머니를 쫓아가야 했죠. 어머니께서는 동생을 챙기시느라 A를 돌아볼 겨를이 없으셨어요.

전체적인 그림이 조금 보입니다. A는 어릴 때 동생이 너무나 미운 나머지 동생이 사라져 버렸으면 좋겠다고 생각한 적이 있어요. 그래서 꿈은 아랫니들을 모조리 뽑아 버립니다. 동생을 향한 증오가 나타난 부분이죠. 오물오물하는 동생의 입이 하도 미워서 한 대 때렸는데, 입을 쩍 벌리고 울 때 들여다보니 이가 하나도 없었어요. A는 자기가 때려서 이가 다 빠져 버렸다고 생각했답니다. 그걸 다 삼켰으면 어쩌나 걱정하고 있는데 어머니가 들어오셨죠. 동생은 곧 조용해졌고, 어머니도 아무 말씀을 하지 않으셨어요. 그때 얼마나 마음을 졸였는지 A는 아직도 그 순간을 기억합니다. 그리고 달콤한 갈비는 동생이 가장 좋아하는 음식이에요. "이 자식, 뜨거운 맛 좀 봐야겠군."은 A가 동생한테 자주 하는 말입니다.

꿈은 온통 동생 이야기로 가득하네요. 신체 자극에서 시작된 꿈도 어린 시절 이야기로 거슬러 올라갈 수 있고, 그 이야기들이 동생에 대한 현재의 마음과 함께 표현되어 있어요. A는 지금 동생을 걱정하고 있습니다. 증오와 관련된 부분도 있지만, 전체적인 분위기는 염려 또는 걱정이 훨씬 우세해요. 동생이 좋아하는 음식, 동생에 대한 걱정이 예전 기억들의 조각과 함께 구성된 겁니다. 꿈에서 뜨거운 맛을 보는 건 동생이 아니라 자기 자신이고요. 꿈은 다 자란 두 형제의 이야기에 어릴 적 힘들었던 기억들을 뒤섞어 하나의 이야기를 만들었네요. 여기에서 우리는 최근의 경험과 어린 시절 기억을 모두 관찰할 수 있었습니다.

그 밖에 프로이트가 마지막으로 제시하는 꿈의 재료는 '전형적인 내용'입니다.

꿈 재료 4. 전형적인 내용

이 대목에서 프로이트는 개별적인 사연을 토대로 구축되는 꿈이 있는 한편 "모든 사람들에게 같은 의미로 다가오는 꿈"이 있다고 설명합니다(241/246~247). 예를 들어 사람들 앞에서 옷을 벗고 있는 꿈이라든가, 사랑하는 사람이 죽는 꿈, 시험 보는 꿈 등은 많은 사람들이 자주 꾸는 꿈이고 그 해석도 비슷하다는 거예요. 프로이트는 "많은 사람들이 비슷한 내용을 꿈꾸는 경우가 있는데, 이러한 '전형적'인 꿈은 보통 비슷한 방식으로 해석된다."고 말합니다(37/40).

이건 지금까지 프로이트가 말한 것과 완전히 반대되는 이야기라서 몹시 당혹스럽습니다. 꿈의 모든 세세한 부분을 개인의 자유 연상 속에서 그 사람에게만 고유한 이야기로 해석해야 한다고 강조해 온 프로이트가 도대체 왜 갑자기 일반론을 펼치는 걸까요? 옷을 벗고 있는 꿈은 우리 모두 벌거벗은 채 보살핌을 받던 어린 시절에 관한 것이고, 사랑하는 사람의 죽음은 형제자매나 부모를 향한 적대감이 표현된 것이라고 합니다. 시험 보는 꿈은 뭔가 준비되지 않은 서툰 느낌을 표현하는 방식이라고 하고요. 이건 정말 지금까지의 프로이트가 보여 준 모습과 너무 다릅니다. 그의 어깨를 잡고 흔들며 "왜 이러세요, 선생님. 정신 차

리세요."라고 말해야 할 것 같아요.

이 무렵 프로이트는 오이디푸스 이야기를 인류의 보편적 소원과 연관시키고자 하는 마음이 간절했답니다. 자기 꿈 분석 결과를 지나치게 확신했거든요. 어머니를 좋아하는 마음, 아버지를 미워하는 마음이 강했는데, 그건 오이디푸스 이야기와 맞아떨어졌죠. 프로이트는 2천 년도 더 넘은 비극 작품에도 그런 내용이 있다면, 그것을 일반화해도 된다고 생각했어요. 그리고 전형적인 꿈이라는 제목으로 모험을 감행합니다. 앞에서 언급한 최근의 경험과 어린 시절의 기억으로 충분히 분석될 수 있는 이야기들을 무리한 일반론을 앞세워 다시 설명한 거예요. 이 부분에서 그가 초점을 맞추는 것은 소중한 사람이 죽는 꿈입니다.

프로이트에 따르면 가족의 구성원이 죽는 꿈은 적대감이 표현된 것입니다. 어머니를 극진히 모시는 딸이 있어요. 어머니 말씀이라면 거역하지 않고 따르는 착한 딸이죠. 그래서 대학을 선택할 때도, 배우자를 선택할 때도 모두 어머니의 결정에 따랐어요. 그 딸이 꿈에 어머니의 죽음을 경험한다면, 그것은 내면에 있던 분노가 드러난 것으로 해석할 수 있다는 겁니다. 이런 설명에 따르면 늘 내 것을 빼앗아 먹던 형에 대해서도 비슷한 꿈을 꿀 수 있겠지요.

그런데 어머니의 죽음에 대한 꿈은 꿈 사고와 꿈 내용이 같잖아요? 어떻게 그럴 수 있죠? 꿈 작업은 어디로 갔나요? 아마도 이 꿈에서 딸은 매우 슬퍼하고 있을 겁니다. 꿈에서 깬 뒤에도 딸은 슬픔을 감추지 못할 것이고 어머니를 더 극진히 모실 거예요. 전치가 일어나고 있죠?

프로이트의 전형적인 상징에 대해, 융은 프로이트가 모은 자료가 충분하지 않다고 생각했어요. 과학자들은 자료를 모으고 통계를 내서 충분히 믿을 만한 것으로 결과가 나오지 않으면, 자료를 더 모으거나 아니면 기존 가설을 버리고 새로운 가설을 세우죠. 그래서 융은 프로이트보다 더 다양한 자료를 많이 모았어요.

융은 티베트 불교에서 내면의 상을 뜻하는 만다라 모형과 북아메리카 나바호족 원주민들이 치유의 원으로 간주하는 형상이 무척 비슷한 모양으로 이루어져 있다는 점에 주목합니다. 더구나 이 두 형상에는 유사한 기능이 있어요. 그렇다면 만다라 이미지를 인간 내면의 보편적 형상으로 볼 수도 있지 않을까요? 지리적으로 보나 시간적으로 보나 한쪽이 다른 쪽에게 지식을 전달해 줄 수 있는 상황도 아니었으니까요. 각각의 장소에서 독립적으로 비슷한 형상이 나타났다는 사실은 우리에게 무엇을 말해 주는 걸까요? 융에 따르면, 이 만다라 이미지들은 인류의 기억 속에 있는 보편적인 형상으로 간주될 수 있습니다.

이번에는 프로이트가 문제를 제기합니다. 융의 주장이 비과학적이라는 거죠. 두 사람은 죽을 때까지 서로를 받아들이지 못합니다. 저는 정신분석 전공자이지만 융의 분석심리학도 믿는 사람이에요. 그리고 정신분석 전공자인데도 프로이트의 전형적인 꿈을 믿지 않는 사람이고요. 최종 결정은 여러분이 하시는 겁

티베트 만다라와
나바호족 원주민들이 그린
치유의 원

왼쪽은 불교의 세계관을 그림으로 표현한 만다라이다. 티베트인들에게
만다라는 명상의 도구로 이용되었다. 오른쪽은 북아메리카 나바호 원주민들이
그린 치유의 원이다. 나바호족 원주민들은 이를 통해 병을 치료하고자 했다. 융은
둘의 기능이 유사하며 이로부터 인간의 보편성을 유추할 수 있다고 주장한다.

니다. 우린 늘 하나의 정답을 배우고 외우는 데 익숙하잖아요? 그렇지만 살다 보면 진실에는 매우 다양한 측면이 있답니다.

효녀의 꿈으로 돌아갈까요. 저는 여기에서도 프로이트의 빛나는 통찰을 볼 수 있다고 생각해요. 꿈 이야기 이외에 프로이트가 하는 말을 한번 들어 보세요. 그는 이 경우 딸이 지나치게 어머니를 염려하는 이유는 마음속에 가득한 미움과 적대감을 감추기 위해서라고 말합니다. 실제로는 어떤 자유도 허락하지 않는 강압적인 어머니를 미워한다는 거예요. 그런 마음을 방어하기 위해 완전히 반대되는 태도를 보인다는 겁니다. 지나치게 걱정하고 도가 넘치게 어머니를 위하는 거죠. 프로이트는 이러한 태도가 히스테리적이라고 설명합니다. 히스테리는 다른 사람의 눈치만 보다가 끝내 다른 사람의 욕망에 갇혀 자기 자신이 사라져 버리는 경우를 말합니다.

우리는 프로이트의 어떤 면을 비판할 수도 있고, 또 다른 면에서 도움을 받을 수도 있어요. 프로이트를 재해석한 자크 라캉(1901~1981)이라는 프랑스의 정신분석가는 프로이트의 가장 큰 업적 가운데 하나가 언어학을 정신분석에 관련지은 것이라고 설명합니다. 다음 장에서는 프로이트의 새로운 발견이라고 할 수 있는 언어와 무의식의 관계를 살펴봅시다.

꿈은 언어유희를 한다

무의식적 언어유희

『꿈의 해석』에 가장 많이 나오는 것은 언어 분석입니다. 언어유희를 중심으로 무의식의 진실을 드러내는 거죠. 언어 분석은 프로이트가 먼저 썼던 『히스테리 연구』에서도 중요한 부분이고, 『꿈의 해석』이후에 출간되는 『일상생활의 정신 병리학』과 『농담과 무의식의 관계』의 중심이기도 합니다. 한마디로 언어 분석은 정신분석의 중심이자 핵심 분석 기법이라고 할 수 있어요.

　『꿈의 해석』에는 독일어 사례들만 나오기 때문에 이 책에서는 제가 우리말 사례들을 몇 개 만들어 제시했습니다. 7장에서 "뜨거운 맛 좀 봐야겠군."이라는 형의 말이 꿈에 뜨거운 갈비찜을 먹는 장면으로 바뀌어 나온 사례(136~138쪽)도 그 가운데 하나예요.

　『히스테리 연구』에는 안면 통증을 호소하는 부인이 나오는데, 그 통증은 남편에 대한 불만이 증상으로 바뀐 것이었어요. 프로이트는 여기서 언어 분석을 사용합니다. 여자는 남편이 무례한 말을 할 때마다 매번 "한 대 맞은 느낌"이었다고 해요. 그리고 그 느낌이 진짜 얼굴의 통증으로 나타났던 겁니다. 프로이트가 꿈 작업에서 단어의 중요성을 강조하는 부분을 읽어 봅시다.

꿈을 만드는 데 단어가 중요한 역할을 한다는 것은 그리 새로운 사실이 아닙니다. 수많은 생각들이 단어에 중첩되어 있으므로 단어는 언제나 그 의미가 모호할 수밖에 없어요. 그리고 꿈뿐만 아니라 신경증의 경우(강박증이나 공포증의 형성과 같은 경우)에도 마찬가지로 압축과 위장을 위해 단어가 제공할 수 있는 장점들을 충분히 이용합니다.(340~341/346)

아서 코넌 도일(1859~1930)의 추리 소설을 원작으로 한 〈셜록〉이라는 영국 드라마를 보면 셜록이라는 탐정은 단어나 이름 같은 작은 부분을 자세히 관찰하여 숨겨진 이야기를 드러내죠. 『모르그가의 살인 사건』, 『어셔가의 몰락』, 『검은 고양이』 등의 작품을 쓴 미국 소설가 애드거 앨런 포(1809~1849)가 창조한 탐정 뒤팽도 비슷한 방식으로 사건을 해결합니다. 여기에 과학 수사로 범인을 잡는 미국 드라마 〈CSI〉를 포함시킬 수도 있겠네요.

프로이트는 정신분석을 추리 소설이나 고고학에 견주었어요. 정신분석이 감추어진 것을 드러내고, 보이지 않던 세세한 부분을 밝히는 과학적 방법이라는 뜻입니다.

셜록과 뒤팽 앞에서 우리는 말조심을 해야 합니다. 한마디만

사건 현장에 있는 단서

미국 드라마 〈CSI〉의 장면이다. 여기서 형사들은 어지러운 사건 현장을
빈틈없이 관찰해 단서를 찾는다. 그리고 별것 아닌 듯 보이는 단서를 좇아
범인을 찾아낸다. 꿈의 경우도 마찬가지이다. 꿈은 혼란스러워 보이지만
자세히 들여다보면 그 안에 분석의 단서가 있다. 과학 수사로 범인을
잡듯이, 꿈도 추리를 통해 분석할 수 있다.

하면 바로 우리 생각을 읽어 낼 테니까요. 무심코 던진 말인데도 그들은 내가 속으로 생각한 것들을 다 알아맞힐 겁니다. 때로는 한마디도 하지 않았는데 내가 무슨 생각을 하는지 훤히 꿰뚫어 보기도 하죠. 탐정들은 방금 지나간 길에 붙어 있던 포스터, 그 포스터에 쓰여 있던 글자, 그리고 그것에 대한 인물의 반응 등을 하나씩 짚어 가며 대상의 마음속을 훤히 읽어 냅니다. 프로이트 전집은 탐정 소설에서나 나올 만한 기발한 언어 분석으로 가득하답니다. 그 가운데 하나만 이야기해 볼까요.

어떤 의사가 탐험 이야기를 읽은 후 좌골 신경통을 앓는 탐험가를 치료하는 꿈을 꾸었어요. 이 사람의 연상을 분석하는 과정에서 그가 어릴 때 어른들이 하는 이야기를 잘못 알아듣고는, 여행(Reisen)을 그만 류머티즘 통증(Reißen)으로 이해해서 형제들에게 놀림을 받았다는 걸 알게 됩니다. 독일어에서 여행과 통증은 발음이 비슷해요. 그때의 기억이 무의식에 남아 있다가 탐험 여행과 좌골 신경통을 이어 붙인 거죠. 꿈 분석에는 이처럼 발음이 유사한 단어의 언어유희가 자주 등장한답니다.

저는 라캉 학회와 해석학회 회원입니다. 제 전공이 라캉이기 때문에 라캉 학회는 처음부터 편안한 마음으로 나갈 수 있었지만, 해석학회는 귀국 후 철학을 공부하려고 나가기 시작한 곳이어서 어렵게 느껴졌어요. 그런데 학회에 꾸준히 나가다 보니 언제부터인가 선생님들께 인사도 드리고 발표도 하게 되었답니다. 무척 부담스러웠죠. 그러던 어느 날, 수학 해석학 문제를 푸는데 너무 어려워서 고생하는 꿈을 꾸었지 뭐예요. 이게 무슨 뜻일까 생각해 보니 언어유희가 가미된 꿈 작업이더라고요. 수학 영역의 해석학과 철학 영역의 해석학은 전혀 다른 학문이지만 이름은 같아요. 철학 해석학이 어렵다는 생각이 수학 해석학 문제를 잘 풀지 못하는 꿈으로 나타난 거죠.

무의식의 창조력은 정말 코넌 도일이나 포의 상상력을 능가해요. 그래서 꿈을 분석하다가 깜짝 놀랄 때가 종종 있답니다. 언어가 정신분석에서 가장 중요한 요소인 이유는 말을 배우고 소통할 수 있어야 분석이 가능해지기 때문이에요.

언어와 정신분석

정신분석가는 환자의 이야기를 '듣는' 사람입니다. 오랫동안 이야기를 듣다 보면, 환자의 마음에 대한 어떤 지도가 그려집니다. 프로이트는 다른 사람에게는 의미 없는 낱말인데 그 사람에게는 아주 중요한 낱말이 무엇인지 찾고, 그 요소가 어떻게 변형되는지 분석합니다.

프로이트의 환자 가운데 쥐인간이라는 가명으로 알려진 사람이 있어요. 어느 날 그 사람은 빌린 돈을 갚아야 한다는 강박적인 사고 때문에 보통 사람들이라면 좀 이상하게 생각할 만큼 복잡한 계획을 짰어요. 사실은 아주 쉽게 할 수 있는 일인데 말이죠. 그건 증상이랍니다.

그는 쥐와 관련된 어떤 이야기를 두려워했어요. 이는 증상과 연결되어 있답니다. 프로이트는 언어 분석을 토대로 쥐와 돈이 관련되어 있다는 것을 알아냅니다. 독일어로 쥐의 복수형은 Ratten이고, 할부금은 Raten이거든요. 이러한 연상은 아버지와도 관련됩니다. 그의 아버지는 노름을 하다가 군대에서 공금을 착복한 적이 있어요. 그리고 친구에게서 그 돈을 빌리죠. 그는 그의 아버지가 노름꾼이었다고 생각했는데, 노름꾼은 독일어로 Spielratte입니다. 이 단어 속에 놀이를 뜻하는 Spiel과 쥐를 뜻하는 Ratte가 같이 있네요. 물론 이것은 다시 돈과 연관됩니다. 아버지는 절실할 때 자신을 도와준 그 친구에게 돈을 갚지 않았어요. 유복한 여자와 결혼했는데도 말이죠.

그러면 이런 언어 분석으로 뭘 어떻게 분석하느냐고요? 이 사례의 중심에는 '돈'과 '배우자 선택'이라는 주제가 있답니다. 아버지는 가난한 애인을 버리고 부자인 환자의 어머니와 결혼했어요. 아들이 그렇게 돈을 갚으려고 애쓰는 것은 아버지의 빚을 자기가 대신 청산하고자 하는 마음 때문입니다. '아버지처럼 살지는 않겠어!', '아버지 같은 선택은 하지 않겠어!'라는 생각 때문에 어쨌든지 돈을 갚으려 하는 거예요. 사실 그는 지금 가난한 여자를 만나고 있거든요. 그녀를 버리고 돈 많은 여자를 택하는 것은 아버지가 했던 선택과 같은 것일 테고, 그렇게 살고 싶지는 않은 거죠. 언어유희 방식을 이해함으로써 이런 분석이 가능해졌네요.

그렇다면 언어 장애인은 어떻게 하나요? 수화 역시 언어의 한 종류이고, 같은 방식으로 분석할 수 있답니다. 소통의 모든 방식은 똑같이 분석할 수 있어요. 제일 쉬운 방법은 그 사람이 가장 자주 반복하는 단어를 찾는 겁니다.

어떤 사람을 한 20분밖에 만나지 않았는데 그동안 그가 특정 단어를 10번 이상 말했다면, 반복되는 단어를 토대로 우리는 그 사람에게 가장 중요한 것이 무엇인지 알 수 있습니다. 어떤 단어에서 화를 내거나, 특정 단어를 좋아한다거나, 또는 어떤 단어만 나오면 잠시 말을 멈추는 경우도 있죠. 예를 들어 어머니 이야기만 나오면 인상을 찌푸리거나, 별 이야기 아닌데 과장되게 반응하는 사람도 있고, 공항·비행기·기차 같은 여행에 관련된 단어들을 좋아하는 사람도 있어요. 우리의 이야기들은 이런 방식으로 단어를 통해 표현되며, 그 표현 방식 또는 구성 방식을 분석하는 과정에서 그 사람의 마음속 사고를 이해할 수 있게 됩니다.

데리안 리더라는 정신분석가가 소개하는 사례를 살펴볼까요. 남자 친구가 아주 멀리 살 때는 좋은 관계를 유지하지만, 그가 가까운 곳으로 이사를 오면 바로 헤어져 버리는 여자가 있어요. 그녀는 공항이나 비행기 같은 단어들을 무척 좋아합니다. 왜일까요? 이 사람은 아버지께서 돌아가실 때 임종을 지키지 못했어요. 그래서 아버지께 할 말을 다 하지 못했고 제대로 작별 인사를 할 수가 없었죠. 공항에서는 뭘 하죠? 네, 작별을 합니다. 그녀에게는 공항에서 남자 친구를 보낼 때 작별하는 과정 자체가 중요했던 거예요. 그 과정은 '잘 보내는 일'을 연습할 수 있게 해 주죠. 그녀는 남자 친구에게 손을 흔들면서 동시에 아버지께 예전에 못했던 제대로 된 작별을 고하고 있던 겁니다.

분석 후에는 무엇을 해야 할까요? 그녀가 해야 하는 것은 자신이 아버지에 대해 어떤 생각을 했는지, 어떤 점을 괴로워했는지 이해하는 것입니다. 그리고 그 해결책을 찾아야죠. 아버지께 못다 한 이야기를 해야 할 테고요. 긴 편지를 써서 납골당에 계신 아버지께 전해 드릴 수도 있겠죠. 아무 생각도 하지 않고 살면 내가 무엇 때문에 아파하는지, 어떤 문제가 해결되지 않았는지 오리무중이지만, 분석을 하고 나면 나에 대해 더 많은 것을 이해할 수 있게 됩니다. 그리고 증상처럼 반복되던 일들을 멈출 수 있게 돼요.

이미지나 형상에 대한 분석이라도 구체적인 분석은 항상 언어를 중심으로 진행됩니다. 그래서 프로이트는 언어를 분석의 중심에 배치합니다. 꿈 분석도 마찬가지 방식으로 전개돼요. 꿈속 표상이 늘 언어와 관련되거든요. 어려운 말이 나왔네요. 이번에는 '표상'이라는 단어를 살펴봅시다.

표상

생각은 어떻게 생겼을까요? 여러분은 초등학교에 입학할 때 할머니께서 사 주신 가방의 촉감, 어머니의 분 냄새, 저녁에 아버지께서 문을 열고 들어오시는 소리를 어떤 형태로 기억하나요? 이렇게 생각할 수 있습니다. 기억의 파편들은 각각 하나의 덩어리가 됩니다. 그래서 한 덩어리가 솟아오르면 우리는 그것과 관련된 기억을 더듬게 되죠. 그 덩어리들을 '표상'이라고 부를 수 있어요.

프로이트는 표상이 바로 무의식의 내용이라고 말했습니다. 표상들이 압축되고 전치되면서 꿈 내용으로 바뀌는 것입니다. 기억의 세세한 부분들은 덩어리로 무의식에 기입되고, 최근의 경험이나 어린 시절의 기억 등 수많은 덩어리들이 어우러지면서 우리가 의식하지 못하는 이야기를 만들어 냅니다. 물론 그렇게 만들어진 이야기는 꿈이나 실수를 통해 의식으로 올라오죠. 그러니까 무의식의 표상이 전의식이나 의식의 단어와 결합되고, 우리는 그 단어들을 분석함으로써 꿈 사고를 이해하게 되는 겁니다.

표상은 단어가 아니에요. 표상이라는 덩어리가 단어와 연결되는 거죠. 사례를 하나 들어 볼게요. 어느 날 프로이트가 시뇨렐리라는 화가의 이름을 잊어버렸어요. 아무리 애를 써도 이름이 떠오르지 않는 거예요. 그러다 '보티첼리인가?' 하는 생각이 들었고, 또 잠시 후에는 '아니면 볼트라피오였나?' 하고 생각하죠. 둘 다 화가 이름이에요. 시간이 조금 지난 뒤 시뇨렐리라는 이름을 기억해 낸 프로이트는 왜 자기가 시뇨렐리라는 이름을 잊어버렸는지, 그리고 왜 시뇨렐리 대신 보티첼리와 볼트라피오라는 다른 이름을 떠올렸는지 분석합니다.

수많은 이름 가운데 왜 이 두 이름이 떠오른 걸까요? 프로이트가 시뇨렐리라는 이름을 잊어버린 것은 그가 보스니아를 지날 때였어요. 우리 한번 이 생각의 덩어리들을 아주 잘게 나누어 봅시다. 잘게 나눈 각각의 덩어리도 표상이라고 할 수 있습니다. '보+스+니+아'라는 각각의 덩어리가 있습니다. 망각된 단어인 시뇨렐리도 네 개의 표상으로 분리할 수 있겠네요. '시+뇨+렐+리'. 이를 더 잘게 나누어 볼까요? '시+뇨+르+엘+리'. 이제 표상들을 뒤섞어 볼까요. '보+○+엘+리'가 만들어질 수 있겠죠. 이제 보티첼리라는 표상이 쉽게 선택될 수 있겠네요.

볼트라피오 역시 마찬가지입니다. 이 망각 사건이 있기 얼마 전 프로이트는 트라포이라는 마을에 머물고 있었어요. 그때, 그가 분석했던 한 환자가 자살로 삶을 마쳤다는 슬픈 소식을 듣습니다. 트+라+포+이와 위의 표상들을 합하면, '보+○+트라+○'가 되고, 이러한 관계 속에서 이미 자기가 알고 있던 이름 중 볼트라피오가 선택됩니다. 그래서 시뇨렐리 대신 이 두 이름이 떠오르게 된 거라네요.

이것은 꿈 작업 과정에서 일어나는 일이기도 합니다. 이러한 방식으로 가끔은 존재하지 않는 단어나 이름이 꿈에 나타나기도 해요. 프로이트는 표상의 운동을 아래와 같이 설명합니다.

꿈속 압축 작업은 단어나 이름이 꿈에 나타나는 방식에서 가장 명확히 드러납니다. 보통 꿈속에서 단어는 사물인 것처럼 다루어지며, 사물 표상과 같은 방식으로 결합됩니다. 이런 꿈은 아주 흥미롭고 신기한 신조어들을 만들어 내죠.
(295~296/301~302)

그런데 애초에 프로이트는 왜 시뇨렐리라는 이름을 기억해 내지 못했을까요? 시뇨렐리라는 이름은 환자의 자살이라는 괴로운 기억과 관련되어 있었어요. 그 기억을 떠올리고 싶지 않아서 시뇨렐리라는 이름을 망각했던 겁니다. 자기가 잘 치료했다면 그런 일이 일어나지 않았을 것이라고 자책했던 모양입니다.

이것은 프로이트가 1898년에 분석한 내용이에요. 그는 이 분석이 정신분석의 방법론을 잘 설명한다고 생각했어요. 그래서 나중에 『일상생활의 정신병리학』을 쓸 때 첫 장에 이 분석 내용을 다시 넣었어요. 모든 연상과 분석이 이러한 방식으로 전개된다는 걸 보여 주고 싶었던 겁니다. 비단 단어뿐 아니라 모든 연상이 표상들의 상호 작용에 의해 만들어진답니다. 쥐인간 사례에서 어떻게 돈과 쥐와 노름꾼이 연결되는지 보셨죠? 이 각각이 다 표상입니다. 수정이라는 내 친구의 이름과 크리스털 샹들리에가 연결되는 것도 마찬가지로 설명할 수 있어요.

『꿈의 해석』은 기본적으로 꿈 사고에서 꿈 내용으로 내면의 생각을 변형시키는 꿈 작업을 다룬 책입니다. 그렇지만 우리는 그 속에서 정신분석의 기본 기법을 모두 배울 수 있습니다. 같은 방법론으로 꿈뿐만 아니라 일상생활의 말과 행동도 분석할 수 있죠. 작품 분석이나 인물 분석도 가능합니다. 무의식의 표상이 어떻게 의식의 층위에서 단어와 연결되는지 알아내는 과정은 꿈 분석뿐만 아니라 그 밖의 모든 분석에서 사용할 수 있는 근본 원리랍니다. 『꿈의 해석』 마지막 장에는 이와 같은 정신분석의 근본 원리가 이론적으로 정리되어 있어요. 꿈을 분석한 결과 알아낸 이론들을 우리는 정신분석의 중심에 배치할 수 있습니다. 여기에는 망각, 저항, 억압 등의 개념들이 포함됩니다. 그러면 이제 이 개념들에 대한 이야기를 시작해 볼까요.

꿈 이론 개괄 *9*

망각과 저항

프로이트의 관심을 끈 것은 사람들이 무언가를 잊어버리는 방식이었습니다. 바로 '망각'이죠. 우리는 왜 어떤 것을 잊게 될까요? 프로이트는 이때 이상한 일들이 진행된다는 생각을 했어요. 뭔가를 잊어버린다는 건 그걸 기억하고 싶지 않다는 뜻일 수도 있다는 점을 깨달은 거죠. 기억하고 싶지 않다는 말은 기억하려는 시도에 '저항'한다는 뜻입니다. 왜 특정 단어나 사건을 잊어버렸는지 분석하려면 저항의 힘을 이기고 내면으로 들어가야 해요. 사례를 통해 살펴볼까요?

프로이트가 드는 사례 가운데 풍뎅이 꿈이 있습니다. 이 꿈을 꾼 여성에게 의미 있는 숫자는 5입니다. 독일어로 풍뎅이는 Maikäfer인데, 여기서 Mai는 5월을 뜻해요. 그 여성은 5월에 태어났고, 또 5월에 결혼했어요. 이 부분은 분석이 쉽지 않았답니다. 꿈꾼 이는 이 연상들을 불편해했어요. 왜냐하면 이 모든 표상들이 남편으로 이어졌고, 그녀의 결혼 생활은 불행했기 때문이에요. 그 꿈을 꾸던 날 밤 그녀는 결혼 전에 다른 남자에게서 받은 연애편지를 읽었답니다. 그녀는 결혼을 후회하고 있어요. 그렇지만 그녀의 의식은 스스로에게 '나는 행복해.', '내 남편은 정말 멋져.'라는 거짓말을 하고 있을 거예요. 분석을 통해 이런 의식의 거짓말이 탄로 납니다.

프로이트는 이런 예시들을 토대로 하나의 이론을 정립합니다. 여기서 주제어는 망각이에요. 의식에서 사라져 버린 이야기는 무의식에 고스란히 남아 있습니다. 그리고 망각된 이야기들이 꿈 사고를 만들죠. 그 이야기가 의식에 드러나는 것은 조금 위험할 수도 있습니다. 생각하고 싶지 않거나, 생각할 경우 매우 난처해질 생각의 파편들이 꿈 사고를 만들어 내면, 의식은 가능한 한 그 생각들을 떠올리지 않으려 할 거예요. 기억하지 않으려는 의식의 이러한 태도를 '저항'이라고 합니다.

저항 때문에 검열이 작동하죠. 풍뎅이, 5월, 생일, 결혼, 남편, 불행한 결혼 생활로 연상이 이어지면 의식의 거짓말이 탄로 나게 됩니다. 내가 지금 이러저러한 이유로 행복하지 못하니 이러저러하게 해 달라고 하면 부부 싸움도 하게 되고, 실망도 하게 되고, 걱정도 하게 되죠. 그래서 거짓말하고 아예 문제를 언급하지 않는 게 속 편하다고 생각할 수도 있어요. 그게 의식입니다. 이와 같은 저항이 있기 때문에, '내 결혼 생활이 불행하다.'는 꿈 사고는 결혼-생일-5월-풍뎅이로 이어지면서 전혀 다른 꿈 내용으로 번역되어 의식에 나타나게 됩니다. 꿈 내용 어디에도 남편이 싫다는 이야기는 없죠. 저항이라는 의식의 태도는 검열이라는 더욱 적극적인 의식의 개입으로 이어지고, 그 결과 안전한 꿈 내용만이 인식됩니다.

무의식 속으로 진실을 눌러 버리는 작용을 '억압'이라고 해요. 애초에 어떤 것을 무의식 속에 각인시킨 과정도 억압이겠죠. 억압이라는 장치는 무의식 속 진실이 다시 나오려 할 때 재가동됩니다. 의식의 저항에 의해 억압이 가동된다고 보시면 됩니다. 8장에서 언급한 시뇨렐리라는 이름의 망각도 마찬가지 과정으로 설명할 수 있습니다. 트라포이에서 들었던 소식을 기억하고 싶지 않았기 때문에, 즉 의식의 저항이 강했기 때문에 망각의 과정이 적극적으로 추진된 거예요.

이때 질문을 하나 할 수 있겠죠? 저항 때문에 기억하지 못하는 것을 어떻게 알아낼 수 있나요? 아예 떠오르지를 않는데 어떻게 무엇이 망각되었는지 알 수 있죠? 그것은 표상들이 연결되어 있기 때문입니다.

조금 더 설명해 볼게요. 시뇨렐리라는 고유 명사의 망각을 분석하면서 프로이트는 중요한 몇 가지 사실을 깨달았어요. 우선 그는, 자신의 문제와 전혀 관계없는 표상이 떠오르는 경우는 없다는 걸 알게 되죠. 꿈을 꾼 후 그것에 대해 연상할 때, 우리는 생각나는 대로 이야기를 풀어 나갑니다. 꿈의 내용이나 예전 일이 잘 기억나지 않을 때는, 막연한 느낌으로 "x를 했던 것 같기도 하고 그러지 않은 것 같기도 해요."라고 말하게 됩니다. 그런데 프로이트는 이렇게 연상된 x조차도 나에 대한 중요한 이야기들을 들려준다고 말합니다.

그냥 떠오르는 건 아무것도 없다는 말인데, 좀 이상하죠? 프로이트는 더 멀리 나아갑니다. 아무 숫자나 떠올려 보라고 했을 때, 우리가 3 또는 7 등 하나의 숫자를 말했다고 해 봅시다. 이 숫자 역시 우리의 기억과 관련된다는군요. 이를테면 3은 어제 텔레비전에서 본 심마니 아저씨와 관련될 수도 있습니다. 심마니는 산'삼'을 캐는 사람이니까요. 특히 그 아저씨가 기억에 남았던 이유는 자기 아버지와 많이 달랐기 때문입니다. 그는 자유로워 보였거든요. 7도 마찬가지입니다. 7은 입시를 앞둔 수험생들이 선호하는 숫자겠죠. 즉 어떤 이야기를 해도 지금 내가 가장 신경 쓰는 부분과 관련된 표상이 튀어나온다는 겁니다. 그래서 잘 들으면 그 이면의 이야기를 분석해 낼 수 있어요.

정말로 내가 무심코 떠올리는 모든 숫자에 다 의미가 있냐고요? 저도 그 부분은 좀 이상해요. 모든 것에서 의미를 찾으며 살면 너무 피곤하지 않겠어요? 프로이트가 강박적인 사람이었다는 사실을 잊지 맙시다. 성 이론이나 사례 분석에서도, 그리고 오이디푸스 신화와 같은 이론 구성에서도 그는 늘 너무 멀리 가는 경향이 있어요. 프로이트의 그런 기질을 염두에 두고 그의 저서들을 읽어야 합니다. 비판 없이 모두 믿기보다는 프로이트가 그러한 주장을 통해 무엇을 하는지, 어떤 이야기를 하는지 이해하고 자연스럽게 받아들여지는 것만 취하면 됩니다.

프로이트는 지금 의식과 무의식의 대립을 설명하고 있는 거예요. 망각과 저항에 대한 그의 이론은 우리에게 내면을 들여다보고 되도록이면 많은 부분을 의식으로 불러내어 기억하라고 요청합니다. 망각한 부분을 분석해서 기억으로 편입시키고, 내 안에 어떤 저항이 있는지 관찰하라는 거죠.

프로이트는 여기에서 한 걸음 더 나아가 저항의 구체적인 방법을 이론화합니다. 그게 바로 억압 과정이에요. 이 과정에서 검열에 통과되지 못한 표상들, 즉 우리가 기억하고 싶지 않거나 불편하게 느끼는 표상들이 무의식으로 밀려나게 됩니다.

억압된 것들의 회귀

아무리 마음속에 잘 억압해 두어도 그 속의 무의식적 진실은 어떤 방법으로든 자신을 표현하고야 맙니다. 억압은『꿈의 해석』에서 가장 자주 반복되는 개념이기도 합니다. 여기서는 억압과 저항이 비슷한 의미로 사용돼요. 소제목으로도 억압보다는 저항이라는 개념이 선택되었죠.

그런데 지금은 그 위계가 조금 달라졌어요. 억압이 훨씬 유명해졌죠. 그 이유는 1914년에 프로이트가「억압」이라는 논문을 통해 이 개념을 이론화했기 때문입니다. 억압 개념에서 가장 중요한 것은 느낌이 억압되는 것이 아니라 표상이 억압된다는 사실이에요. 조금 어렵죠? 쉽게 설명해 볼게요.

〈셜록〉이라는 드라마를 보면, 셜록이 '붉은 수염'이라는 단어에 이상한 반응을 보입니다. 과민 반응은 우리를 억압된 내용으로 이끄는 단서이죠. 붉은 수염은 셜록이 아끼는 개였어요. 안락사 시켜야 했던 괴로움 때문에 셜록은 이 기억을 떠올리고 싶어 하지 않아요. 여기서 억압된 것은 붉은 수염이라는 표상입니다. 또 그 개와 관련된 여러 표상도 함께 억압되어 있을 겁니다.

프로이트는 특정 생각을 의식에서 지워 버릴 때 어떤 과정이 일어나는지 알아냅니다. 우리는 일반적으로 괴로운 감정을 억압한다고 생각하잖아요? 그런데 프로이트는 그게 아니라고 주장해요. 억압되는 건 감정이 아니라 그 감정을 부르는 표상들이라는 겁니다. 이건 대단한 발견이에요!

보통 우리는 무의식 속에 통제되지 않는 기괴한 에너지나 감정, 분노 등이 들어 있을 거라고 생각하는데, 프로이트는 무의식의 내용은 그런 게 아니라고 주장했어요. 무의식에는 표상들이 들어 있습니다. 억압된 표상들이 압축과 전치를 통해 이야기를 만들어 내는 겁니다. 마음을 찌르는 괴로움이 밀려오는 것도 괴로운 기억과 관련된 표상이 의식 속에 들어왔기 때문입니다.

프로이트는 "모든 억압된 것들은 무의식적인 것인 반면, 모든 무의식적 것들이 다 억압된 것은 아니다."*라고 말해요. 우리가 경험한 것들은 모두 표상으로 무의식 속에 남는데, 여기에는

* 지그문트 프로이트(1907), 「옌젠의 『그라디바』에 나타난 망상과 꿈」, 영어 전집 9권 48쪽/독일어 전집 7권 74쪽.

억압된 표상들과 그렇지 않은 표상들이 섞여 있다는 뜻입니다. 그런데 억압되지 않은 표상도 억압된 표상과 관련될 수 있어요.

옥수수차는 떠올린다 해도 감정의 동요가 없는 표상인데, 옥수수수염이 붉은 수염의 수염과 연관되면 옥수수를 떠올리는 것만으로도 두근거림이 시작될 수 있습니다. 아무 생각 없이 떠올렸다고 하면 그만인데, 그걸 연상 속에서 펼쳐 놓으면 이야기가 달라집니다. 그때부터는 결코 아무 생각 없이 떠올릴 수가 없게 돼요. 분석했던 내용이 자꾸 함께 연상되겠죠.

이 부분은 언어의 중요성을 설명한 부분들과도 연결됩니다. 무의식의 내용은 표상들이고, 그 표상들이 의식의 단어와 연결되면서 그 존재를 드러냅니다. 무의식 속에 있던 덩어리들 가운데 어떤 것이 의식의 단어와 연결되어야 우리가 그 표상을 인식할 수 있는 거죠.

어릴 때 돌아가신 어머니에 대한 몇 가지 기억이 있는 학생의 경우, 어머니 화장품 냄새·어머니 옷에서 보았던 비취 브로치·어머니 목소리는 화장품·비취·녹색·어머니가 자신을 부르던 애칭 등의 표상들로 무의식 속에 있을 겁니다. 자신의 이름에는 그 이름을 부르던 어머니의 목소리가 연결되어 있겠죠. 만약 어머니께서 나를 똥강아지라고 부르셨다면, 똥과 강아지 역시 이 표상군에 속하게 됩니다.

억압된 사건 또는 기억에 대한 표상도 이러한 방식으로 무의식 속에 존재합니다. 그 표상들이 의식의 단어와 연결되어 불쑥 튀어나와 버리거나, 연상의 연쇄 속에서 문득 기억의 한 조각이 솟아나면 불안해질 겁니다. 이때 우리는 어떤 저항의 전략을 사용하게 될까요? 살짝 드러났던 기억들을 부정하거나 다시 망각 속으로 더욱 강하게 억압할 수도 있겠죠.

그러나 프로이트는 "억압된 것들은 억압하는 힘 자체에 의해 되돌아오게 된다."고 말합니다. 억압된 모든 것들이 언젠가 반드시 되돌아온다는 말이죠. 더욱 강력하게 억압한다면 더욱 강한 힘으로 다시 솟아오릅니다. 프로이트는 우리가 어떤 기억의 조각을 피하려고 그것에서 도망쳐 달리다 보면 언젠가 반드시 우리가 도망쳤던 바로 그 기억에 도달하게 되리라고 경고합니다. 내가 아무리 가리고 속이려 해도 마음속 이야기는 매우 전략적인 방식으로 의식에 드러납니다. 말이든 행동이든 시선이든 사소한 행동이든, 그중 찾을 수 있는 틈을 공략해서 기어이 그 뜻을 드러내고야 말죠.

정신분석은 사소한 말과 행동에서 억압된 무의식의 표상을 감지합니다. 따라서 분석은 편안한 과정이 아니에요. 그 과정에서 마주하고 싶지 않은 억압된 이야기가 드러나니까요. 프로이트는 우리가 이 불편함을 견디고 그 이야기들을 대면해야만 한다고 조언합니다. 진정 자유로운 미래를 위해 우리는 먼저 과거로 돌아가야만 합니다.

* 지그문트 프로이트(1907), 「옌젠의 『그라디바』에 나타난 망상과 꿈」, 영어 전집 9권 35쪽/독일어 전집 7권 60쪽.

〈불면 1〉

레메디오스 바로, 1947

촛불은 공간 전체를 모두 밝게 비추지 못한다. 불빛이 이르지 않는 어두운 저편에서 억압된 기억이 마치 빛으로 달려드는 나방처럼 의식으로 다가온다. 빛이 약한 저쪽 방들에서는 미지의 사물들이 다시 돌아올 틈을 엿보고 있다.

⟨마주침⟩

레메디오스 바로, 1959

그림 속 여자가 상자를 열어 자신과 똑같은 얼굴을 대면한다. 벽에는
더 많은 상자들이 놓여 있다. 여자는 나머지 상자들도 열어 볼 수 있을까?
무의식 속에는 내가 모르는 내 모습이 들어 있다. 무의식과 만나기
위해서는 두려움을 마주하는 용기가 있어야 한다.

사실 지금 이야기할 내용은 '퇴행'이라고 이름 붙여야 해요. 프로이트가 그렇게 불렀거든요. 그런데 퇴행이라는 개념에는 조금 부정적인 느낌이 배어 있어서, 그 대신 '새로운 반복'이라고 바꾸었습니다.

프로이트는 현재 속에서 과거의 만족스러운 경험을 되풀이하는 것을 퇴행으로 설명했어요. 그는 퇴행을 재생이라고도 불러요.

재생은 우리 일상생활에서 매우 자연스러운 과정입니다. 일상의 대부분이 어떤 반복과 관련된다고도 할 수 있지 않나요? 어머니께서는 항상 하시던 그 말씀을 반복하시고, 우리는 항상 하는 실수를 반복하며, 이번에도 다르지 않을 거라는 불길한 예상은 항상 들어맞죠. 언젠가 큰 기쁨을 맛보았던 그 순간으로 다시 돌아가기 위해 끊임없이 노력하기도 하고, 그때와 비슷한 상황이나 조건을 만들려고 노력하기도 합니다. 그렇다면 예전에 내가 사랑에 빠졌던 그 사람과 닮은 사람을 찾아 헤매게 되는 것도 퇴행의 일부일 겁니다. 살아가면서 그렇게 자꾸 예전 기억, 예전 사건으로 돌아가 똑같은 상황을 직면하는 경우가 많습니다.

그런데 가만히 생각해 보면 두 종류의 반복이 있습니다. 어떤 반복은 우리에게 힘을 주지만, 다른 반복은 우리를 가둔답니다. 거기에 빠져들면 움직일 수가 없죠. 정신분석은 우리를 가두는 반복을 벗어나기 위한 도구이기도 합니다.

이상하게 아버지 앞에서는 늘 주눅이 들어 있다면, 이때 치유란 그 태도를 바꾸는 과정이죠. 그러지 않으면 계속 기죽어 살테고, 온전한 나 자신이 될 수 없을 겁니다. 이 경우 아버지께서 지나가는 말로 한마디 하시면 그게 내 계획과 맞는지, 그렇게 했을 때 어떤 문제가 발생할지, 그렇게 할 수 있는지 등을 따져 보지 않은 채 무조건 그 말씀을 명령 삼아 따르게 될 겁니다. 그러면 내 삶은 엉망이 됩니다. 기대하는 삶, 기다리는 삶, 자유로운 삶 대신 억지스러운 삶, 견디는 삶, 답답한 삶이 내 인생을 채우게 되죠.

미야자키 하야오의 애니메이션들을 생각해 보세요. 거기에 나오는 아이들은 어른보다 더 성숙해 보여요. 〈하울의 움직이는 성〉의 소피, 〈센과 치히로의 행방불명〉의 센 또는 치히로, 〈마녀 배달부 키키〉의 키키, 〈미래 소년 코난〉의 코난 모두 든든한 아이들입니다. 자기 자신을 잘 알고 있잖아요. 그 아이들은 온전히 자기 자신이 되어 역경을 헤쳐 나갑니다. 자기 자신으로 살아간다는 건 정말 쉽지 않은 일이에요. 우리는 늘 눈치를 보고 다른 사람의 반응을 살피죠. 아버지께서 소리를 지르시면 바로 다섯 살짜리 아이로 돌아가는 퇴행을 경험할 때가 많습니다.

7장에서 본 사원의 사례(134~136쪽)를 다시 생각해 볼까요. 거기에서는 해결책을 깊이 생각해 보지 않았잖아요. 그가 어릴 때부터 부모님께서는 늘 부부 싸움을 심하게 하셨고 그럴 때마다 온몸이 얼어붙는 느낌을 받았다면, 그 사람은 나중에 상사가 소리를 지를 때도 똑같이 몸과 마음이 굳는 경험을 하게 될 겁니다. 소리 지르는 그 상사가 내 마음속에서 시간을 타고 거슬러 올라가 소리 지르는 아버지로 변신하기 때문입니다. 우리가 의식 속에서 경험하는 현재의 모든 순간은 이렇게 시간의 끈에 의해 무의식 속의 과거와 이어져 있어요. 매 순간 과거가 마술처럼 현재와 중첩되죠.

우리 시선이 머무는 현재의 모든 곳에 무의식의 표상들이 살포시 내려앉습니다. 그러면 우리는 과거에 했던 행동과 말을 우리도 모르게 반복하게 됩니다. 이번에는 그런 연애를 하지 않겠다고 다짐하던 누나가 또 비슷한 연애를 하는 모습을 본 적이 있죠? 역시 반복입니다. 내가 특정 태도로 상황에 대처하기 때문에 초래되는 반복입니다. 누나는 누구를 새로 만날 때마다 그의 자리에 과거의 한 사람을 배치하고 그 사람과의 관계를 반복하는 것입니다.

이런 반복을 벗어나려면 어떻게 해야 할까요? 무엇보다 먼저, 우리가 그런 반복을 하고 있다는 사실을 깨달아야 합니다. 그게 분석이에요. 누구와의 관계를 반복하는지, 어떤 상황을 반복하는지, 반복이 시작된 사건에 대해 내가 어떻게 느끼고 있는지, 반복의 결과가 무엇인지 분석해야 합니다. 그리고 다음번에 과거가 반복의 형태로 현재에 덧씌워질 때 의식적으로 다른 시도를 해야 합니다.

반복의 고리를 끊으면 과거 사건에 대한 기억을 극복할 수

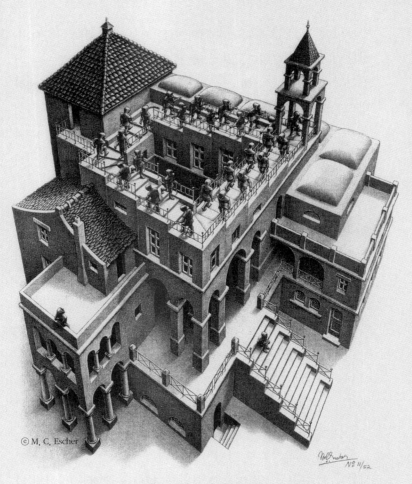

〈올라가기와 내려가기〉

마우리츠 코르넬리스 에셔, 1960

계단을 계속 올라가는데도 한없이 같은 자리를 맴돈다. 이 그림처럼 우리네 삶도
열심히 앞으로 전진하려 하지만 여전히 넓은 세상으로 나아가지 못하고
같은 길을 도는 반복일지도 모른다. 반복에서 벗어나려면 어떻게 해야 할까?

있습니다. 그 순간 우리는 과거와 다른 새로운 미래로 나아갈 수 있는 자유를 얻습니다. "부장님, 제가 이렇게 한 이유는……"이라고 말을 시작하여 내 생각을 한번 말해 보는 겁니다. 무례한 태도로 공격하라는 게 아니에요. 내 의견과 내 사정을 이야기해 보라는 겁니다. 한번 그렇게 시도하고 나면 그다음은 훨씬 쉬워져요. 그리고 그 시도 자체가 내 과거를 바꾸게 됩니다. 나는 지금 옛날로 돌아가 아버지께 내 이야기를 하는 셈이거든요.

이것은 프로이트가 『꿈의 해석』을 통해 극복한 문제이기도 합니다. 그의 인생에서도 아버지와의 관계가 가장 큰 문제였죠. 언젠가 프로이트의 아버지는 프로이트에게 "저런 자식이 커서 뭐가 되겠어."라고 소리 지르신 적이 있었어요. 프로이트가 아주 어릴 때였는데, 그 기억이 오랫동안 생생하게 남아 있었던 모양입니다. 아버지는 프로이트를 이해하지도 못하셨고 인정하지도 않으셨어요. 뭔가 양에 차지 않으셨던 모양이에요. 프로이트는 실수를 할 때마다 마치 아버지의 비난하는 목소리가 들리는 듯 괴로워했어요. 인생의 목표는 아버지께서 자신을 인정하시게 만드는 것이었죠.

그런데 프로이트의 아버지는 그가 마흔 살이 되던 1896년 세상을 떠납니다. 프로이트는 견딜 수 없이 우울해졌고, 삶의 의미도 사라지는 듯했어요. 아버지는 그의 꿈에 자주 나타났습니다. 그래서 그 표상들을 분석할 수밖에 없었죠. 그렇게 『꿈의 해석』이 만들어집니다. 물론 직접적으로 가장 중요한 꿈은 '이르마의 주사'예요. 그러나 이 책 자체가 탄생한 기원은 아버지를 대하는 프로이트의 감정입니다.

2판이 나왔을 때 2판 서문에서 프로이트는 자기가 왜『꿈의 해석』을 쓰게 되었는지 깨달았다고 말합니다. 바로 아버지 때문이었다는 거죠. 아버지께 들려드리고 싶었던 말, 아버지 앞에서 하지 못했던 말을 풀어내기 위해서 그 책을 썼던 겁니다! 그리고 아버지의 죽음은 자신의 인생에서 가장 마음 아픈 상실이었으며 가장 중요한 사건이었다고 말할 수 있게 됩니다. 이 지점에서 프로이트는 이제 더 이상 예전의 야단맞던 아들이 아니에요. 그는 지금 과거를 새롭게 반복하고 있습니다.

제목이『꿈의 해석』인데, 꿈 분석은 짧은 예시로만 사용되고 실제 꿈 분석보다 이론적인 내용이 더 많다고 느끼는 사람도 있죠?『꿈의 해석』에는 긴 꿈을 분석한 복잡한 사례가 많이 나옵니다. 상당수가 프로이트 자신의 꿈 분석 사례예요. 가장 먼저 나오는 이르마의 주사 꿈도 내용이 복잡하고, 분석의 밀도가 꽤 높습니다.

다음 장에서는 이 사례를 포함하여 프로이트의 꿈 사례 여섯 개와 프로이트가 언급하는 다른 사람의 꿈 사례 하나를 자세히 살펴볼까 합니다. 꿈 전체를 직역하기보다는 분석을 중심으로 필요한 곳을 발췌했습니다. 이제 꿈 분석의 진수를 맛봅시다.

프로이트의 꿈 분석 사례

자기 자신의 꿈을 분석하고 보고하는 것은
강도 높은 자기 수련이 필요한 과정입니다.

(485/489)

이르마의 주사 *10*

꿈의 배경

여기서 이르마라는 가명으로 소개되는 환자는 엠마 엑슈타인입니다. 앞에서 몇 번 언급했던 불쌍한 엠마를 기억하세요? 플리스가 일으킨 의료 사고로 큰 고통을 받은 환자죠.

저는 정말 프로이트를 이해할 수 없어요. 왜 플리스의 이상한 이론을 맹신했던 걸까요? 콧속 뼈(갑개골)를 제거하면 히스테리가 호전된다니, 무슨 그런 이론이 있습니까! 정신분석은 과학이라고 주장해 온 프로이트가 플리스의 이론들을 믿었다는 걸 도저히 이해할 수가 없어요. 너무 외로웠기 때문이 아닌가 생각되는데, 그것도 이유가 될 수는 없죠. 실수로 환자의 콧속에 거즈를 50센티미터나 남기고 봉합했는데도 프로이트는 여전히 친구를 두둔합니다. 아무리 실력 좋은 의사라도 그런 실수는 하게 마련이라고 위로하네요.

그 무렵 프로이트는 모든 히스테리의 원인이 성적인 문제에서 비롯된다는 주장을 강하게 펼쳤어요. 많은 이들이 그 이론을 비판했고요. 사례도 17개 정도밖에 관찰하지 않았으면서 그걸 일반화하겠다고 하니, 함께 연구를 진행하던 브로이어조차 프로이트에게 다시 생각해 보라고 조언합니다. 그런데도 프로이트는 굽히지 않고 성적인 외상이 히스테리를 발병하게 하는 가장 중요한 원인이라고 주장해요. 브로이어는 프로이트에게 정신분석을 가르친 선배입니다. 끝내 프로이트가 물러서지 않자, 그와 결별한 뒤 다시는 프로이트를 만나지 않았어요. 프로이트는 무척 외로웠죠.

이때 프로이트보다 더 이상한 주장으로 물의를 일으키고 있던 베를린의 이비인후과 의사 플리스가 등장합니다. 그들은 1887년 한 학회에서 만났어요. 플리스는 프로이트가 듣고 싶은 이야기들을 해 준 사람이었죠. 둘은 영혼의 교감을 나누는 친구가 됩니다. 이 절대적인 신뢰가 정점에 이르렀을 때 프로이트는 엠마라는 환자를 만납니다.

1892년, 엠마는 처음으로 프로이트를 찾아갔어요. 그때 그녀는 27세였고, 위장 통증을 호소하면서 자신이 매우 우울하다고 말했죠. 프로이트는 베를린에 플리스라는 저명한 의사가 있으며, 그에게 코를 수술 받으면 증상이 호전될 거라고 말합니다. 엠마는 기꺼이 수술을 받겠다고 동의합니다. 그다음 이야기는 말한 대로예요. 정신분석의 역사에는 이해할 수 없는 두 가지 사건이 있습니다. 하나는 프로이트가 플리스의 이론을 맹신한 것이고, 다른 하나는 의료 사고 뒤에도 엠마 엑슈타인이 프로이트를 여전히 믿었다는 것이죠.

　이 시점에서 프로이트의 태도를 한번 살펴볼까요. 아래는 플리스의 의료 사고를 알게 된 후 프로이트가 플리스에게 보내는 편지입니다. 이 편지는 1895년 3월 8일에 작성되었습니다. 두 번째 수술 이후죠.

　빌헬름에게

　방금 자네의 편지를 받고 바로 답신을 쓰네. 다행히 이제는 엑슈타인 양의 상황을 확실히 알겠어. 어떻게 된 일인지 이야기해 주지. 이 소식에 나만큼이나 자네 마음도 불편하리라 생각되지만, 금세 극복할 수 있을 거야. 코가 계속 붓고 출혈이 멈추지를 않는다고 말했잖아? 온 방에 악취가 진동을 했고, 엠마는 코와 입에서 피를 조금씩 흘리고 있었어. 외과의가 와서 콧속을 들여다보더니 실 같은 걸 뽑아내기 시작하는데, 50센티미터가량의 거즈가 나오는 거야. 그다음에는 피가 홍수같이 쏟아졌어. 엠마가 하얗게 질려서 거의 알아볼 수도 없는 지경이 되었지. 얼굴은 퉁퉁 부어올랐고. 그런데 그런 엠마를 바라보고 있자니 갑자기 속이 안 좋은 거야. 나는 방으로 도망쳤지. 정말 비참했어. 코냑 한 잔을 마시고 나서야 정신을 차릴 수 있었다네. 어제 엠마는 2차 수술을 받았고 이제 고비는 넘긴 듯하네.

　여보게, 우리가 그녀에게 부당한 짓을 했어. 그녀가 비정상적이었던 게 아니라, 거즈가 14일 동안 코에 남아 있어서 회복이 그렇게 느렸던 거야. 남들이 어떻게 생각할까? 자네가 익숙하지 않은 낯선 도시에서 수술을 하게 만들다니, 그건 내 잘못이야. 단지 돕고자 했던 건데 그 의도가 왜곡되었군. 사실 그 실을 그렇게 갑자기 뽑아내면 안 되는 거였지. 그 외과의가 잘못한 거야.

그녀가 정말 불쌍해. 자네를 이렇게 힘들게 하면 안 되는데……. 자네는 내가 모든 권한을 위임할 수 있는 정말 좋은 의사야. 다른 누가 수술을 했어도 자네만큼은 못했을 거야. 가장 유능한 외과의들에게도 거즈가 찢어져 수술 부위에 남는 일은 발생한다네. 어느 누구도 자네를 탓하는 사람은 없어. 그리고 그래야 할 이유도 없지. 내가 자네를 얼마나 믿는지 굳이 다시 확신시켜 줄 필요는 없겠지?

난 괜찮네. 이상하게도 이런 종류의 경미한 문제가 있을 때 연구를 더 열심히 하게 되는 것 같아. 엑슈타인 양의 일을 잊어버릴 수 있을 때에야 비로소 자네에게 다른 일을 또 부탁할 수 있을 거라는 이상한 생각이 드는군. 지금 여기는 독감이 돌아. 자네 어머니께서도 아직 완쾌하지 않으신 듯하더군. 곧 엠마의 경과를 알려 줄게. 잘 있게나.

1895년 3월 8일
지그문트[*]

[*] Masson, J. M.(1985), ed., *The Complete Letters of Sigmund Freud to Wilhelm Fliess*, 1887~1904, Cambridge: Harvard University Press, pp.116~118.

어떻게 생각하세요? 저는 처음 이 편지를 읽었을 때 무척 화가 났어요. 제가 공부하는 정신분석이 갑자기 혐오스러워졌죠. 그리고 『꿈의 해석』의 첫 사례로 소개되는 이르마의 꿈을 다시 읽어 보았습니다. 이런 상황에서 프로이트는 어떤 꿈을 꾸었을까요? 그는 자신의 꿈을 어떻게 분석했을까요? 과연 그는 자신의 잘못을 뉘우치고 있을까요? 지금까지 함께 이야기한 분석 방식을 염두에 두고 그의 꿈 분석을 따라가 봅시다.

꿈 내용[*]

큰 홀이네요. 많은 사람들이 있고 우리는 그들을 접대하고 있어요. 그들 가운데 이르마가 있습니다. 그녀가 내게 보낸 편지가 생각납니다. 이르마는 내가 제안한 '해결책'을 아직 받아들이지 않은 듯합니다. 그녀를 책망하기 위해 이르마를 한쪽 구석으로 데리고 가서 다음과 같이 말했습니다. "아직 통증을 느낀다면 그건 당신 탓이에요." 그랬더니 그녀가 답하네요. "지금 목과 위장과 복부가 얼마나 아픈지 선생님께선 모르세요. 정말 죽을 지경이에요." 나는 조금 놀라 그녀를 바라보았죠. 창백한 얼굴이 통통 부어 있습니다. 갑자기 내가 신체의 질병을 알아채지 못한 것이 아닌가 하는 생각이 들어요.

[*] 김서영(2010), 『프로이트의 환자들: 정신분석을 낳은 150가지 사례 이야기』, 프로네시스. 274~280쪽 참조.

나는 그녀를 창가로 데리고 가서 목을 들여다보았어요. 그런데 이르마가 마치 의치를 한 여자처럼 입 벌리는 걸 좀 꺼리는 듯하네요. 정말 그럴 필요 없는데 왜 저럴까 하는 생각이 듭니다. 마침내 그녀가 입을 벌렸는데, 오른쪽 부위에 커다란 흰색 자국이 있어요. 그리고 갑개골 같은 나선형 모양의 회색빛 딱지가 보이네요.

나는 즉시 의사 M을 불렀고, 그가 다시 관찰한 후 그렇게 보인다고 확인해 주었어요. 그런데 M이 평소와는 좀 달라요. 상당히 창백하고 다리를 절고 있으며 수염도 없어요. M은 "감염인걸. 그렇지만 심각하진 않아. 이질이 발병할 테고 독이 배출될 테니 말이야."라고 말했어요. 우리는 즉시 이 감염의 원인이 무엇인지 깨달았습니다. 얼마 전 오토가 그녀에게 프로피온산 트리메틸아민 주사를 놓았죠. 내 눈 앞에 굵은 활자로 쓴 구조식이 보입니다. 그런 종류의 주사는 생각 없이 놓아서는 안 되는 것이죠. 아마도 주사기가 깨끗하지 못했을 거예요.(107/111~112)

자, 그럼 이 꿈에서 살펴볼 만한 요소들을 모아 볼까요? 분석하기 전에 가능한 한 많은 질문을 던져 봅시다. 1, 이르마는 누구일까? 2, 의사 M은 누구이며, 왜 그는 평소와 다르게 보이는 걸까? 3, 프로이트는 어떤 '해결책'을 제시했을까? 4, 왜 이르마의 목 속에서 갑개골 구조가 보인 걸까? 5, 감염되었다는 건 무슨 뜻일까? 6, 이질이 발병한 뒤 어떻게 병이 낫는다는 말인가?
7, 프로피온산 트리메틸아민이 왜 나왔을까? 8, 주사를 놓는다
는 건 무엇을 상징하는 표현일까? 9, 왜 사람이 많은 홀이 아니
라 사람들이 잘 못 보는 구석에서 사건이 일어날까? 10, 프로이
트는 왜 이르마를 책망할까? 11, 왜 갑자기 신체의 질병을 놓친
것 같다는 생각이 들었을까? 12, 프로이트는 실제로 누구에게,
무엇에 관해 "그럴 필요가 없다."는 말을 하는 걸까? 13, 왜 오
토를 범인으로 지목할까? 14, 의치를 한 여자, 퉁퉁 부은 얼굴은
무엇을 뜻하는 표상들일까? 이제 이 질문들에 답해 봅시다.

꿈 분석

이르마는 누구일까요? 엠마 엑슈타인입니다. 프로이트는 걱정이
아주 많은 사람이었어요. 그래서 자기 꿈을 분석할 때도 가능하
면 배경이나 분석에서 중심 이야기를 제외한 사적인 이야기들을
축소하죠. 그는 자기도 사람인지라 모든 것을 다 이야기하기는
어렵고, 분석에 꼭 필요한 부분만을 적겠다고 양해를 구합니다.
또 이름도 문제의 소지가 있을 때는 모두 가명으로 바꾸죠. 그래
서 이 꿈에는 이르마와 M이라는 가명이 언급됩니다.

　　프로이트는 『꿈의 해석』 첫머리에서 이런 고민에 대해 다음
과 같이 이야기합니다.

　　그러나 만약 제가 저 자신의 꿈을 이야기해야 한다면, 어쩔 수

없이 수많은 사람들 앞에 공개적으로 저에 관한 아주 내밀한 것들을 드러낼 수밖에 없잖아요. 시인은 몰라도 저 같은 과학자에게 그건 정말 힘든 일이랍니다. 괴롭지만 그것은 피할 수 없는 일인 듯하네요. (……) 여러분도 짐작하시겠지만, 사례 이야기를 할 때 어떤 부분을 좀 삭제하기도 했고, 또 다른 방식으로 표현해서 겸연쩍은 부분을 다듬기도 했습니다. 그런데 그렇게 할 때마다 분석의 가치가 눈에 띄게 훼손되더군요. 여러분, 제가 얼마나 힘든지 제 상황과 처지를 좀 이해해 주시길 간절히 부탁드립니다.(xxiii~xxiv/viii)

의사 M은 누구이며 왜 그는 평소와 다르게 보이는 걸까요? 의사 M은 브로이어예요. 정신분석을 먼저 연구하기 시작한 프로이트의 선배 의사죠. 프로이트가 성 문제를 지나치게 강조했을 때 그러면 안 된다고 조언했던 의사요. 그러나 결국 큰 싸움을 하고 프로이트와는 결별하지요.

그 사람이 왜 꿈에 나왔을까요? 프로이트는 브로이어를 미워하고 있어요. 그래서 그의 분석은 사심에 가득 차 있죠. 사심이 있으면 꿈을 제대로 분석할 수 없는데 말입니다. 프로이트는 브로이어가 꿈에 매우 우스운 진단을 한 것은 그에 대한 자신의 반감이 표출된 것이라고 분석합니다. 그러나 꿈을 잘 보면 이 엄청난 의료 사고의 공범이 된 프로이트가 가장 의지하고 있는 인물이 브로이어입니다. 물론 프로이트는 이를 부정하겠죠. 그런데 브로이어와 그의 이복형은 외모가 비슷했어요. 영국에 사는 이복형은 수염이 없었고, 신경통 때문에 다리가 불편해요. 그렇다면 의사 M은 이 둘이 압축된 인물이네요.

프로이트는 최근 두 사람에게 어떤 제안을 했는데, 둘 다 거절했기 때문에 이에 대한 보복으로 우스꽝스러운 의사 M이 탄생했다고 말합니다. 그렇지만 사실 이복형은 프로이트가 좋아하는 사람이었어요. 어릴 때부터 프로이트는 초라한 자기 아버지가 아니라 이복형이 진짜 아버지일지도 모른다는 상상을 하곤 했어요. 브로이어와 이복형은 어려울 때 달려갈 수 있는 두 사람입니다. 네, 지금 저는 프로이트 자신의 분석보다 조금 더 객관적인 시선으로 꿈의 세부를 분석하고 있어요.

프로이트는 꿈속에서 어떤 '해결책'을 제시했을까요? 프로이트는 나쁜 친구와 어울리다가 사고를 아주 크게 쳤어요. 멀쩡한 코를 두 번이나 수술했는데, 꿈에서는 그걸 해결책이라고 하네요. 제가 다 민망해집니다. 게다가 방귀 뀐 놈이 성낸다고, 자기가 잘못한 일을 오히려 엠마에게 덮어씌우고 있어요. 혹시 그 끔찍한 해결책을 엠마가 받아들이지 않았다면 애초에 이런 일들이 생기지 않았을 거라는 말일까요? 어쨌든 그에게는 현실에서도 꿈속에서도 효과적인 해결책이 없었어요.

왜 이르마의 목 속에서 갑개골 구조가 보인 걸까요? 말은 안하지만, 사실 프로이트의 마음은 온통 이 사고에 대한 생각으로 가득했답니다. 그러니 보는 곳마다 관련된 요소들이 나타나는 거예요. 결국 엠마의 목에서도 갑개골을 보게 되는 거죠.

감염되었다는 건 무슨 뜻일까요? 감염된 주사기에서 '감염' 은 콧속에 거즈가 50센티미터 남아서 썩고 있던 일을 말하는 것 일 테죠.

이질이 발병한 뒤 어떻게 병이 낫는다는 말일까요? 이질과 관련해서 또 하나의 안 좋은 기억이 있습니다. 어떤 남성 환자 가 심한 변비 때문에 찾아왔는데, 프로이트는 환자의 증상이 히 스테리성이라고 생각해서 억지로 여행을 떠나게 합니다. 그런데 얼마 후 그가 프로이트에게 편지를 보냈어요. 이집트 여행에서 이질에 걸려 고통스러운 시간을 보내고 있다는 거예요. 프로이 트는 히스테리 증상이 있는 남성이 이제는 다른 질병까지 얻도 록 그를 방치했다고 자책합니다. 프로이트가 직접적으로 말하는 것은 아니지만, 이 대목에서 그는 그래도 자기가 그 남자를 치료 했다는 점을 은연중에 강조하고 있어요. 이질은 설사를 동반하 죠? 그러니 어쨌든 변비라는 문제는 해결된 셈이에요. 프로이트 의 무의식이 참 미워 보이죠?

프로피온산 트리메틸아민이 왜 나왔을까요? 트리메틸아민은 다시 플리스와 관련됩니다. 그는 트리메틸아민이 성 대사 물질 이라는 말도 안 되는 논문도 썼어요. 물론 프로이트는 그의 말을 전적으로 믿었고요.

주사를 놓는다는 건 무엇을 상징하는 표현일까요? 주사는 또 다른 프로이트의 죄를 상기시키는 표상입니다. 그는 1884년에 코카인의 효능을 다룬 논문을 쓴 적이 있어요. 자신도 코카인을 물에 타 먹고, 친한 선배에게도 코카인을 권했죠. 그 선배는 코카인 과용으로 세상을 떠납니다. 코카인의 해악이 알려지면서 프로이트는 심한 비판을 받았어요. 자신도 선배의 죽음에 책임을 느꼈겠죠. 또한 생각 없이 놓는 주사는 생각 없이 자행한 의료 사고를 지칭하는 것입니다. 깨끗하지 못한 주사기 역시 잘못된 치료와 잘못된 진단을 뜻하는 것이겠죠.

왜 사람이 많은 홀이 아니라 사람들이 잘 못 보는 구석에서 사건이 일어날까요? 꿈을 보면 그가 갑개골과 관련한 플리스의 이론을 다소 창피해하고 있는 듯해요. 엠마를 구석으로 데려가서 갑개골을 관찰하잖아요. 그리고 자기 잘못을 가능한 한 숨기려 하는 듯 보이죠. 엠마가 썩은 거즈 때문에 통증을 느낄 때 프로이트는 그게 히스테리 증상이라고 생각했잖아요. 그건 실수였죠. 여기에 덧붙일 사건이 하나 더 있습니다. 14세의 어떤 소녀가 프로이트를 찾아왔을 때 그는 아이의 복부 통증을 히스테리성으로 진단합니다. 그런데 얼마 후 그 소녀가 죽습니다. 악성 종양이 있었던 겁니다. 히스테리성이 아니었던 거예요. 프로이트가 성급한 판단을 내리는 바람에 환자가 죽게 된 겁니다.

프로이트는 왜 이르마를 책망할까요? 큰 잘못을 저지른 뒤 프로이트는 꿈속에서 엠마에게 "당신 잘못"이라고 말합니다. 그랬으면 좋겠다는 거겠죠. 책임을 회피하고 있네요. 그러나 프로이트도 자기가 제안한 해결책이 옳은 것이 아니었다는 사실을 알고 있습니다. 그 제안을 그녀가 받아들여서는 안 되었던 거예요. 사람을 그렇게 만들어 놓고 이제 와서 그는 엠마에게 "왜 그걸 받아들였냐?"며 투정입니다.

프로이트는 왜 갑자기 신체의 질병을 놓친 것 같다는 생각을 했을까요? 자기가 신체의 질병을 놓쳤다는 고백을 스스로 하고 있네요. 엠마의 상태를 마음의 병으로 진단했던 잘못을 시인하는 부분이기도 하죠.

프로이트는 실제로 누구에게 무엇에 관해 "그럴 필요가 없다."는 말을 하는 걸까요? "의치"와 "그럴 필요가 없다."는 말은 비밀, 잘못, 죄책감과 관련되는 표상들입니다. 언젠가 한 가정교사를 진찰할 때 그녀는 입속을 보여 주는 걸 싫어했어요. 나중에 알고 보니 의치 때문이었습니다. 이것은 비밀과 관련되죠? 숨기고 싶은 일, 드러내고 싶지 않은 일, 즉 프로이트의 잘못과 그의 책임을 뜻하는 것입니다. 그리고 이에 대해 프로이트는 스스로에게 그렇게 느낄 필요가 없다고 말해 주고 있어요. 그건 자기 자신을 위로하는 것입니다. 또 플리스에게 보내는 편지에 썼듯이, 자책할 필요가 없다는 말이기도 하고요.

왜 오토를 범인으로 지목할까요? 프로이트는 그 전날 오토에게서 엠마의 근황을 듣습니다. 오토의 말에서 자신을 비난하는 듯한 뉘앙스를 포착한 프로이트는 매우 화가 났죠. 그래서 꿈속 범인 역할은 오토가 맡게 됩니다.

그 밖에 퉁퉁 부은 얼굴은 무엇일까요? 창백하고 퉁퉁 부운 얼굴은 두 번째 수술이 끝난 직후 엠마의 모습입니다.

책임을 회피하고자 하는 마음

자, 정리를 해 볼까요? 뭔가 뒤바뀐 부분이 보입니다. 이르마가 입 벌리는 걸 꺼리는 게 아니라, 프로이트가 자기 죄를 숨기고 있는 겁니다. 숨기는 주체가 '전치'되어 있죠?

이 괴로운 상황에서 프로이트는 브로이어를 찾습니다. 그리고 그가 와서 상황을 정리해 주죠. 급할 때 엄마 아빠를 부르듯 그는 자신이 좋아하는 아버지 형상들을 찾습니다. 그들은 브로이어와 그의 이복형입니다. 이 사람들은 프로이트가 듣고 싶던 이야기, 즉 "심각하지 않으니 괜찮다."는 말을 해 주겠지요. 이질에 걸리고 설사를 하면 변비가 나을 거라는 말도 안 되는 위로를 하고 있네요. 프로이트는 지금 이 정도로 괴롭습니다. 그리고 그는 "우리"라는 단어를 쓰고 있어요. 브로이어와 형이 있으니 이제 마음이 조금 놓이나 봐요.

그들은 감염의 원인을 찾습니다. 그리고 플리스도 암시돼요. 자기가 좋아하는 인물들을 다 모아 놓고 보호막을 만드는 거예요. 이제 죄를 덮어씌울 범인을 색출해야겠죠. 범인은 감염된 주사기를 사용한 오토였습니다. 그런 주사를 그렇게 생각 없이 놓으면 안 된다는 말로써 그는 코카인 남용으로 죽은 선배에 대해 자신이 느끼던 죄책감을 벗어 버리네요. 그건 그 선배 탓이었던 거죠. 그는 자신의 죄책감을 이렇게 해결합니다.

〈수호천사〉

피에트로 다 코르토나, 1656

힘겨운 일이 있을 때 우리는 자신을 지켜 줄 누군가를 상상한다.
큰 잘못을 저질러 괴로운 프로이트에게 꿈속의 M은 마치 두려워 떠는 아이의 손을
잡아 주는 수호천사처럼 "심각하지 않아. 네 잘못이 아니야."라고 위로해 준다.

그러나 이와 같이 자기 책임이 아니라고 부르짖어 보지만, 꿈의 요지는 그와 플리스가 엠마에게 잘못을 저질렀다는 것이에요. 꿈에는 어떻게든 책임을 회피하려는 프로이트의 절실한 소원이 적나라하게 표현되어 있습니다. 의식의 거짓말이 진실의 조각들과 함께 드러나 있군요. 과거의 잘못까지 모두 함께 떠오르니 피해 갈 수가 없어요. 전부 무의식에 새겨져 있거든요. 자기 잘못이 아니라고 외쳐 보지만, 꿈은 그의 잘못을 낱낱이 드러냅니다. 이번 잘못뿐만 아니라 예전 잘못들까지 다 모아서 펼쳐 놓았네요. 꿈은 잔인할 정도로 모두 알고 있고, 그걸 다 말합니다.

이 꿈을 분석한 뒤 프로이트는 꿈 분석이라는 것이 매우 심각한 일이며, 꿈이 누구에게나 자신의 현재와 과거를 분석할 수 있는 매개가 된다고 확신하게 됩니다. 프로이트가 아무리 아니라고 말해도 꿈은 실제로 어떤 일이 일어나고 있는지, 즉 무의식의 진실이 무엇인지 알고 있었죠.

다음 장의 사례를 보면, 꿈은 프로이트가 코카인 과용으로 죽은 선배 플라이슐을 질투했다는 것도 알고 있어요. 플라이슐은 일찌감치 교수가 되었고, 프로이트는 그걸 부러워했거든요. 이런 이야기들을 고스란히 풀어내고 그것을 분석하려면 용기가 필요하겠죠? 프로이트는 다음 꿈에서도 여전히 자기 잘못을 인정하지 않습니다. 솔직하지도 못하고 용기를 내지도 못해요. 그러나 꿈은 우리에게 무슨 일이 있었는지 다 이야기해 준답니다.

프로이트는 늘 유명해지고 싶어 했어요. 교수가 되고 싶었고,

불멸의 작품도 쓰고 싶었고, 사람들에게 존경도 받고 싶었어요. 그래서 자기보다 먼저 교수가 된 사람들을 질투하기도 했답니다. 그의 질투가 그리 흉하진 않습니다. 그것을 승화시켜 정말로 위대한 일을 성취했으니까요. 우리 모두 가끔씩 다른 사람에 대해 질투를 느끼기도 하죠. 그럴 때 어떻게 하나요? 그 질투에 갇혀 자신을 잃어버리면 시간과 에너지를 남을 헐뜯는 데 소진하게 됩니다. 그러나 질투를 잘만 활용하면 내가 가장 잘하는 일을 더욱 잘하게 될 수도 있습니다. 후자 쪽이 바람직하겠죠.

이와 관련된 하나의 사례를 살펴봅시다. 한번 연습해 봤으니, 이제는 질문을 하나씩 나누기보다 전체적인 내용을 편안하게 풀어 갈게요.

파네트 세포와 프로이트의 질투 *11*

꿈 배경과 꿈 내용

프로이트는 1876년부터 1882년까지 빈에 있는 브뤼케의 생리학 실험실에서 일했습니다. 프로이트가 그 연구실에 취직했을 때 브뤼케에게는 두 명의 조교가 있었는데, 그중 한 명이 바로 플라이슐입니다. 프로이트보다 열 살 정도 나이가 많았죠. 플라이슐은 매우 뛰어난 과학자로, 1880년에 빈 대학 교수가 됐어요. 그런데 그는 불행히도 모르핀 중독이었고, 1891년 코카인 과용으로 사망합니다. 프로이트에게 책임이 있는 부분이죠. 그가 코카인의 효능을 홍보했으니까요.

그리고 프로이트에게는 요제프 파네트라는 친구가 있었습니다. 그 역시 브뤼케와 함께 실험을 하기도 했으며, 젊은 나이에 많은 업적을 이룬 유망한 청년이었어요. 그러나 안타깝게도 1890년 33세의 젊은 나이에 결핵으로 세상을 떠납니다. 소장 점막 세포를 '파네트 세포'라고 하는데, 이름이 말해 주듯이 이 세포를 발견한 사람이 바로 파네트입니다. 더 오래 살았다면 빛나는 업적을 많이 이룰 수 있었을 거예요.

아래 꿈에는 세상을 떠난 사람이 한 명 더 나옵니다. 플리스보다 한 살 적은 그의 여동생 클라라죠. 클라라는 플리스가 스무 살 때 폐렴으로 세상을 떠납니다. 이러한 배경에서 다음과 같은 꿈이 만들어집니다.

밤에 브뤼케 교수님의 실험실에 갔습니다. 조심스럽게 문 두드리는 소리에 문을 열었더니 세상을 떠난 플라이슐이 서 있네요. 그는 사람들 몇 명과 함께 들어와서 이야기하다가 자기 자리에 앉습니다.

플리스가 7월에 내게 알리지 않고 빈을 방문했습니다. 나는 길에서 우연히 내 친구 파네트와 이야기하는 플리스를 만났죠. 나는 그들과 함께 어떤 곳에 가서 한 테이블에 앉았는데, 그때 플리스는 자기 여동생 이야기를 했어요. "45분 만에 그녀가 죽었지." 그리고 그게 역치였다는 말을 했던 것도 같아요. 파네트가 자기를 이해하지 못하자 플리스는 내게 "파네트에게 나에 대해 얼마나 이야기했지?"라고 묻습니다. 이상한 느낌이 들었어요. 나는 플리스에게 라틴어로 "파네트는 자네 이야기를 이해할 수 없어. 그는 산 사람이 아니야."라고 말했는데, 말하는 도중에 내가 단어를 잘못 사용했다는 걸 깨닫습니다. Non vivit 라고 해야 할 때 Non vixit라고 말했어요.

나는 파네트를 뚫어지게 노려봤습니다. 그랬더니 그가 창백
하게 질리기 시작해요. 그의 모습이 이내 흐려졌으며, 그의 눈
은 마치 병이 든 것 같은 푸른빛을 띱니다. 그러고는 잠시 후
그가 완전히 사라졌어요. 갑자기 기분이 좋아집니다. 그렇다면
플라이슐도 유령에 지나지 않을 것이라는 생각이 들어요. 저승
에서 돌아온 망령이었던 거죠. 그런 유령들은 자신들을 불러내
는 사람이 있을 때만 나타날 수 있으며, 만약 다른 사람이 사라
지라고 말하면 바로 없어진다는 걸 깨닫습니다.(421/424)

갑자기 웬 라틴어냐고요? 프로이트가 그렇답니다. 갑자기 셰
익스피어가 나오고 괴테가 나오고 또 각종 외국어가 나와요. 꿈
도 외국어로 꾸고 혼잣말도 외국어로 할 때가 있어요. vivit은 '살
다'는 뜻인데, 그 자리에 프로이트는 vixit(살았다)를 쓰고 있어
요. 아직은 잘 모르겠죠? 이제부터 말하는 분석 과정을 이해하
면 돼요. 어떻게 된 건지 프로이트의 분석을 같이 살펴봅시다.

프로이트의 꿈 분석
일단 명백해 보이는 것은 프로이트가 경쟁하던 유망한 인재 두
명이 모두 비슷한 시기에 세상을 떠났다는 사실이네요. 그런데
프로이트는 다른 곳에서 분석을 시작합니다. 그는 자기가 한 번
쏘아보는 것으로 파네트를 없애는 부분이 꿈의 중심인 듯하다고
말해요.

파네트를 없애 버리고 나서 프로이트는 왜 만족감을 느꼈을까요? 그는 그런 눈빛을 브뤼케의 실험실에서 경험한 적이 있다고 말합니다. 프로이트는 자주 지각을 했어요. 브뤼케가 그걸 알고는, 어느 날 아침 출근 시간에 맞추어 문 앞에서 그날도 아직 실험실에 도착하지 않은 프로이트를 기다리고 있었습니다. 프로이트가 실험실에 들어갔을 때 그는 아주 간결하게 몇 마디 했는데, 그 몇 마디보다 프로이트에게 충격을 준 것은 브뤼케의 눈빛이었어요. 프로이트를 쏘아보는 푸른 눈은 무시무시했고, 그때 프로이트는 마치 자기가 녹아 없어지는 듯한 느낌을 받습니다. 꿈에서는 역할이 뒤바뀌어 자기가 친구를 그렇게 쏘아봅니다.

vixit는 어느 날 프로이트가 비석에 새긴 글에서 본 단어입니다. 그는 요제프 황제 기념비에서 다음과 같은 글귀를 보았어요. "국가의 안녕을 위해 그는 비록 짧은 인생이었으나 온 마음을 다해 살았다(vixit)." 이와 같이 '보다'라는 동사는 쏘아보는 눈빛, 푸른 눈, 전날 본 비석의 글귀 등과 연결됩니다.

며칠 전 프로이트는 플라이슐의 기념비 제막식에 참석했는데, 그날 브뤼케의 기념비도 다시 볼 수 있었습니다. 그때 프로이트는 파네트 생각을 했죠. 파네트는 자신의 인생을 과학에 바쳤고, 연구를 위해 많은 것을 희생했습니다. 그렇지만 그를 기리는 기념비는 세워지지 않았습니다. 그의 성은 요제프였어요. 요제프 황제와 성이 같죠. 요제프, 기념비, 제막식 등으로 연상이 이어지면서 프로이트는 파네트에게 기념비를 만들어 주고 싶었던 겁니다. 그래서 살다(vivit)라고 해야 할 곳에 기념비와 관련된 단어인 살았다(vixit)를 쓰는 실수를 한 거예요.

그런데 프로이트는 이 단어에 두 가지 상반된 감정이 배어 있다고 분석하네요. 정신분석 용어로 그것을 '양가감정'이라고 해요. 어떤 사람을 너무나 미워하는데, 가만히 들여다보면 마음속에 그 사람에 대한 애정이 숨어 있는 경우를 말해요. 반대로 어떤 사람을 사랑한다고 말하지만, 속을 들여다보면 그 사람을 미워하는 경우도 여기에 해당합니다. 꿈에서 프로이트가 "그는 산 사람이 아니야."라고 말할 때, 그는 파네트를 없애 버리고 싶어 해요. 무섭게 노려봄으로써 정말로 그를 없애 버리죠. 그런데 그의 라틴어 실수를 보면, 그와 동시에 마음속에서는 파네트의 죽음을 안타까워하고 있어요. 더 살았다면 많은 일을 했을 친구라는 생각을 하는 거예요.

그는 왜 파네트를 미워했을까요? 프로이트, 파네트, 플라이슐은 모두 브뤼케의 실험실에서 근무했던 사람들이에요. 이 실험실에서 승진하는 건 아주 힘든 일이었죠. 프로이트가 연구소를 떠나고 그와 동년배인 파네트가 들어오는데, 그때 플라이슐은 이미 모르핀 중독으로 정상적인 생활을 할 수 없었습니다. 프로이트는 파네트가 흉한 소원을 품고 있다는 걸 직감했어요. 플라이슐이 없다면 파네트 자신이 승진하게 되리라는 소원이었죠. 프로이트는 선배가 실험실에서 사라지길 바라는 파네트의 소원에 분노하고 있는 거예요. 그런데 이상한 건 그 분노가 자기를 향했던 분노와 비슷하다는 점입니다. 브뤼케가 불같이 화를 내는 장면이 그대로 바뀌어 이번에는 자기가 화를 내고 있잖아요. 프로이트는 지금 자기도 그런 경쟁심과 질투심을 느꼈다고 고백하는 겁니다.

여기서 프로이트는 셰익스피어의 희곡 『줄리어스 시저』를 떠올립니다. 이 작품에는 한 인물을 향한 존경과 분노가 함께 나옵니다. 브루투스는 시저에 대해 이렇게 말해요. "시저가 나를 사랑했기에 그를 위해 울었고, 그에게 행운이 따랐기에 그것을 기뻐했고, 그가 용맹했기에 그를 존경했다. 그러나 그에게 야망이 있었기에 그를 죽였다." 즉 프로이트는 꿈에서 브루투스 역을 맡고 있는 겁니다. 시저의 성이 줄리어스죠? Julius는 꿈에 나온 7월과 관련되네요. 플리스가 7월에 빈에 왔다고 했는데, July라는 발음 속에 Julius라는 표상과 연관되는 부분이 있잖아요. 플리스는 7월에 프로이트를 방문한 적이 한 번도 없어요. 그런데 꿈속에서 7월이 선택된 이유는 달의 이름이 성과 닮았기 때문입니다.

분석은 여기에서 끝나지 않습니다. 실제로 프로이트는 14살 때 연극에서 브루투스 역할을 맡은 적이 있어요. 그때 프로이트는 자기보다 한 살 위인 조카와 함께 연극을 했어요. 이복형의 아들이었는데, 그들은 영국에 살았죠. 파네트도 프로이트보다 한 살이 많았어요. 프로이트는 조카를 질투했고 아주 많이 싸웠어요. 그들은 떨어지지 않고 붙어 다녔지만, 때로는 서로 죽일

플라이슐과 파네트

프로이트와 함께 일하던 플라이슐(왼쪽)과 파네트(오른쪽)이다.
매우 유능한 사람들이었으나 안타깝게도 둘 다 일찍 세상을 떠났다.
프로이트는 둘에게 질투와 죄책감을 느꼈다.

듯이 싸우며 주먹질을 하기도 했습니다. 프로이트가 2살 무렵, 아버지께서 프로이트에게 "왜 조카를 때렸지?"라고 물었어요. 그러자 프로이트는 "존이 때렸어요. 그래서 나도 때렸어요."라고 대답했죠. 여기서 우리는 vixit라는 실수를 다시 분석할 수 있습니다. 독일어로 '때리다'는 wichsen이고, '빅슨'이라고 발음해요. vixit(빅싯)과 비슷하죠.

파네트에 대한 프로이트의 양가감정은 이렇게 꿈속 실수로 표현됩니다. 바로 이런 게 꿈 분석이랍니다. 생각하면 할수록 더 많은 이야기들이 쏟아져 나오죠. 그렇게 자신에 대한 더욱 다채로운 그림이 그려집니다.

프로이트가 빠뜨린 내용

이제는 프로이트의 분석을 떠나서 꿈을 다시 봅시다. 프로이트가 밤에 브뤼케 교수의 실험실에 앉아 있네요. 왜 그는 꿈속에서 그 실험실을 찾았을까요? 세상을 떠난 선배와 친구가 그리웠기 때문일 겁니다. 그는 플라이슐의 죽음에 책임이 있다는 생각에 괴로워하고 있습니다. 선배에게 사과하고 싶었을 테고 용서를 구하고 싶은 마음이 있었을 겁니다. 꿈에는 플라이슐이 살아 있어요. 플라이슐이 죽은 뒤 프로이트는 아마도 상상 속에서 아무 일도 없었던 것처럼 그가 실험실 문을 열고 들어와 자기 자리에 앉는 모습을 그려 보았을 겁니다.

괴로울 때 기댈 사람은 플리스밖에 없네요. 그가 파네트와 이야기를 하고 있어요. 나도 모르게 나타나 나를 도와주고 있죠. 프로이트는 파네트에게도 미안한 마음이 있거든요. 조카에게 그랬던 것처럼 엄청나게 질투했을 테니까요.

프로이트는 플리스의 여동생이나 '역치'에 대한 분석은 빠뜨렸어요. 플리스의 여동생은 1857년생으로, 파네트와 나이가 같았습니다. 역치란 어떤 경계를 넘었을 때 지평이 바뀌어 버리는 지점을 뜻합니다. 그것은 삶과 죽음을 나누는 경계일 수도 있어요. 플리스는 파네트에게 어떤 이야기를 합니다. 핵심은 자기도 이해한다는 거였죠. 동생의 죽음을 겪어 봐서 파네트의 사정을 잘 안다는 것인데, 그건 프로이트가 파네트에게 하고 싶은 말입니다. "내가 자네를 이해해. 자네는 정말 대단한 과학자였지. 기념비를 세워 마땅해. 그런 자네가 나보다 먼저 세상을 떠나다니 정말 마음이 아프다네." 그런데 파네트는 그걸 알아듣지 못해요. 그러니 화가 날 수밖에요. 여기서 역치를 넘어서게 되는군요. 이때 프로이트가 느끼는 분노가 이전에 파네트에게 느꼈던 분노와 겹치면서 점점 커지더니, 끝내는 그를 없애 버립니다. 그러면서도 프로이트는 그게 자기 진심이 아니라는 걸 말하고 싶어 해요. 이렇게 우리 마음이 복잡할 때 꼭 말실수를 하잖아요. Non vivit가 Non vixit로 바뀌었네요.

이번에는 또 플라이슐로 연상이 이어지면서 망령을 없애 버릴 수 있다고 말합니다. 물론 그것은 죄책감에서 벗어나고픈 마음을 뜻합니다. 프로이트는 파네트가 꿈의 중심이라고 분석했지만, 사실 이 꿈에서 가장 중요한 이름은 플라이슐이에요. 그가 프로이트를 방문한 거죠. 그리고 프로이트는 파네트처럼 플라이슐도 없애 버리려 합니다. 그건 잘못된 선택이네요. 꿈을 자세히 보면 플라이슐이 들어오면서 꿈이 시작되고, 실험실에 앉아 있는 그를 프로이트가 없애 버리려 하면서 끝나고 있잖아요. 그 유령을 불러낸 사람이 바로 프로이트 자신인데 말이죠. 아무것도 못하고 그냥 돌려보내요. 그가 했어야 하는 일은 단 하나, 즉 "미안합니다. 용서하세요."라고 하는 것이었을 텐데요! 프로이트는 꿈속에서조차 그런 용기를 내지 못하고 있어요. 안타깝죠?

다음 장에서는 프로이트가 조금 용기를 낸, 또 다른 자기 분석 사례들을 살펴봅시다.

우리에게 아름다운 기억이 필요한 이유

12

꿈 배경과 꿈 내용

프로이트는 7월 18일에서 19일 새벽으로 넘어가는 시간에 오스트리아 남부선 기차를 타고 여행을 하고 있었습니다. 스르르 잠이 들었는데, 잠결에 다음과 같은 소리가 들려요. "10분 뒤 홀트후른 역에 도착하겠습니다." 그런데 홀트후른이라는 이름은 도시명도 아니었고, 프로이트에게 익숙한 단어도 아니었어요. 그렇지만 프로이트는 해삼(Holothurien)이라는 이상한 이름의 자연사 박물관을 떠올려요. 그리고 홀트후른이라는 곳이 아주 멋지게 느껴졌죠.

그는 설핏 잠든 상태에서 통치자에게 맞선 용맹한 사람들, 승산 없는 전투와 패배를 연상합니다. 그러고는 그 자연사 박물관이 슈타이어마르크나 티롤에 있는 것처럼 느껴졌어요. 슈타이어마르크는 오스트리아 남부의 한 주인데 중심 도시가 그라츠예요. 티롤은 알프스 산맥에 자리 잡은 지방으로 아름다운 자연이 유명한 곳이죠. 이런 연상들이 머릿속을 스쳐 지나가며 프로이트는 잠에 빠져들어 계속 꿈을 꿉니다.

희미하게 작은 박물관 이미지가 보여요. 거기에는 전투에 나갔던 남자들의 유품들이 보존되어 있습니다. 기차에서 내려 그곳에 가 보고 싶어요. 그러나 선뜻 그렇게 할 엄두가 나지 않네요. 플랫폼에는 과일을 파는 여자들이 쪼그리고 앉아서 지나가는 사람들을 향해 과일이 든 바구니를 내밉니다. 아무래도 시간이 없을 것 같아 망설이는데, 기차는 아직도 출발하지 않은 채 그곳에 서 있습니다.

갑자기 내가 기차의 다른 구획에 앉아 있네요. 이곳은 의자들이 비좁게 배치되어 있고 등받이도 무척 좁아서 등이 거의 객차 뒷면에 닿을 지경입니다. 어떻게 이런 일이 있을 수 있죠? 수면 상태에서 객차를 바꿔 탈 수 있었을지도 모른다는 생각이 듭니다. 앞에는 영국 사람인 듯 보이는 오누이가 있어요. 벽 선반에 책들이 꽂혀 있는 이미지가 매우 선명하게 보입니다. 그중에는 애덤 스미스의 『국부론』도 있고, 제임스 맥스웰의 『물질과 운동』도 있습니다. 맥스웰의 저서는 갈색 표지를 입힌 두꺼운 책이네요. 남자는 여동생에게 실러의 책을 깜빡했냐고 묻습니다. 이상하게도 이 책들이 내 소유일 때도 있고, 또 그 사람들 소유가 될 때도 있다는 생각이 드네요. 이 지점에서 내가 나서서 그것을 확인해 주고 싶기도 합니다.

땀이 흥건히 고여 불쾌감에 잠을 깼는데, 창문이 모두 닫혀 있었습니다. 창밖을 보니 기차가 마르부르크에 정차해 있어요. (455~456/458)

마르부르크는 슈타이어마르크에 있는 도시예요. 꿈 내용 가운데 의자가 비좁고 등받이도 좁아서 등이 객차 뒷면에 닿을 지경이라는 묘사가 있어요. 프로이트는 아주 이상한 묘사도 왜곡하지 말고 그대로 적어 놓을 필요가 있다고 말합니다. 통제하거나 조절하기보다는 생각나는 것들을 그 순간 떠오르는 단어들로 기록할 필요가 있다는 거죠. 프로이트는 여느 때와 마찬가지로 수첩에 꿈을 적었습니다. 그런데 갑자기 꿈의 새로운 부분이 기억나는 거예요. 그래서 다음 부분을 나중에 추가합니다.

내가 실러의 책 한 권에 대해 그 남매에게 영어로 "It is from······." 이라고 말했어요. 그러고는 바로 말을 바꾸어 "It is by······."라고 했고, 그 남자는 "Yes."라고 대답하더니 여동생에게 "저분 말씀이 맞아."라고 말했습니다. (456/459)

외국어를 잘하니 참 좋아 보이죠? 소통할 수 있는 사람의 범위도, 읽을 수 있는 책의 범위도 매우 넓네요. 이 장면은 프로이트가 꿈을 다 적은 뒤에 어렴풋이 떠오른 또 다른 이야기였는데, 프로이트는 이것도 꿈에 포함시켜야 한다고 말합니다. 그럼 자세히 살펴볼까요.

꿈 분석

프로이트는 영국에 있는 형을 19세 때 처음 방문합니다. 프로이
트는 그곳에서 기분 좋은 시간을 보냈죠. 어떤 날은 하루 종일
바닷가에서 놀기도 했어요. 그때 물이 빠지며 모래사장에 드러
난 여러 바다 생물들을 보았는데, 불가사리도 있었어요. 해삼과
자연사 박물관이 나오는 건 이와 관련된 기억일 겁니다.

그리고 그날 어떤 예쁜 소녀가 프로이트에게 다가와 "Is it a
starfish? Is it alive?"(그거 불가사리지? 살아 있니?)라고 물었어요.
그때 프로이트는 "Yes, he is alive."(응, 그 사람 살아 있어.)라고
대답했어요. 그러나 주어를 잘못 사용했다는 걸 깨닫고 곧바로
"It is alive."(응, 그거 살아 있어.)로 고쳤습니다. 영어로 from이라
고 말한 뒤 by로 전치사를 고치는 부분은 이 기억 속 실수와 관
련된 것이겠지요. 독어로 "Das buch ist von Schiller."라고 말하
면 "이 책은 실러의 저서이다."라는 뜻이 됩니다. 여기서 von이
라는 전치사는 '……로부터'라는 뜻으로, 직역하면 영어의 from
이에요. 그런데 영어에서는 from을 쓰지 않고 by를 써서 "This
book is written by Schiller."라고 하죠.

이 꿈은 역 이름으로 시작하는데, 실제로 프로이트가 잠결에
들었던 도시명은 마르부르크였어요. 꿈은 그것을 홀트후른으로
바꿉니다. 프로이트는 자신이 꿈속에서도 어렴풋이 실제 역 이

해양 생물들

불가사리, 게, 해삼, 새우, 소라 등 바닷가에서 볼 수 있는 생물들이다.
프로이트는 청소년기에 이복형이 있는 영국의 바닷가에서 해양 생물들을 보며
즐거운 시간을 보냈다. 프로이트의 꿈에 자연사 박물관이 나오는 이유는
자연사 박물관에서도 이 생물들을 볼 수 있기 때문이다.

름을 들었을 것이라고 말합니다. 왜냐하면 마르부르크가 고향인 실러가 꿈에 등장하기 때문이라는 거죠. 그런데 실러의 고향은 마르부르크가 아니라 마르바흐예요. 프로이트는 이런 실수 역시 분석할 수 있다고 주장합니다.

프로이트는 아버지를 싫어했어요. 자신을 이해하지 못하는 아버지를 미워했죠. 아버지의 친구들도 싫었어요. 그 가운데 마르부르크 씨는 최악이었습니다. 역 이름과 아버지 친구의 이름이 같네요. 애초에 역 이름을 들으며 마음속에서 뭔가 옆으로 밀어내고 싶은 느낌이 들었을 겁니다. 밀려난 이름은 어떻게든 프로이트의 꿈속에 침투하려고 기회를 엿봅니다. 그러다 비슷한 이름이 나오자 그것을 밀어내고 프로이트의 실수를 빌미로 그자리를 차지합니다. 이렇게 해서 마르바흐 대신 마르부르크가 그 자리를 차지하게 됩니다. 떠올리지 않으려고 애썼지만, 꿈의 어딘가에 그 이름이 들어 있는 거예요.

프로이트는 일등칸에 탔지만 여행은 매우 불편했습니다. 대부분의 객실은 빈자리가 하나도 없이 꽉 찼어요. 이 불편한 느낌은 꿈에서도 묘사됩니다. 프로이트가 객실에 들어섰을 때 그 칸에는 귀족처럼 보이는 부부가 있었어요. 그들은 이 비좁은 곳에 또 누가 들어오느냐는 듯 불쾌한 표정을 지었어요. 프로이트는 그들이 정중함이라고는 눈곱만큼도 없는 사람들이었다고 말합니다. 그래도 프로이트는 인사를 건넸지만, 그들은 본 척도 하지 않고 무시했죠. 그는 화가 났어요. 일단 표를 사느라 비싼 돈을 지불했고, 또 기분이 나빠도 참고 인사를 건넸는데, 자기에게 돌아온 건 참을 수 없이 비좁은 공간과 무시와 경멸이었으니까요.

부부는 나란히 앉아 있었고 객실 전체에서 그들 앞 두 자리만 비어 있었습니다. 그런데 프로이트를 보자마자 여자는 자기 앞에 있는 자리에 아무도 앉지 못하게 허겁지겁 우산을 비스듬히 세워 놓았어요. 그래서 그 여자는 창가 쪽 자리 둘을 모두 점령할 수 있었죠. 문이 닫히자 프로이트는 숨 막히는 더위에 질식할 것 같은 괴로움을 느낍니다. 땀을 뻘뻘 흘리는 프로이트를 보면서도 그 부부는 서로 눈짓만 교환할 뿐 창문을 열어 주지 않았어요. 프로이트는 그들이 표 없이 기차를 탔기 때문에 그것을 들키지 않으려고 문들을 다 닫아 놓고 있는 것이 아닐까 의심했죠. 그렇게 괴로운 상황에서 프로이트는 잠이 듭니다. 그리고 꿈에서 이 괴로운 상황을 벗어납니다.

프로이트는 질식할 것 같은 객실을 피해 영국의 바닷가로 이동합니다. 해삼이 등장하네요. 그는 이곳이 아주 멋진 곳인 듯하다고 말합니다. 그리고 "통치자에게 맞선 용맹한 사람들"을 연상하죠. 그는 정말 그 부부에게 한 소리 하고 싶었던 거예요. 그렇지만 그렇게 해도 그들을 이길 수는 없을 것이라는 생각이 꿈에 반영되어 "승산 없는 전투와 패배"로 연상이 이어집니다.

슈타이어마르크로 장소가 바뀌는데 그곳의 중심 도시가 그라츠였죠? 독일어로 "그라츠 하나 사는 데 얼마나 들어?"(Was kostet Graz?)라는 표현은 돈이 아주 많아서 물건을 사는 데 얼마가 들건 아무 상관없다고 이야기할 때 우쭐거리며 쓰는 표현이 랍니다. 돈이 많았다면 그 부부에게 그렇게 당하진 않았을 것이라는 말이겠죠. 티롤도 경치가 아름답기로 유명한 곳이니, 이 객실 대신 프로이트가 머물고 싶은 장소로 선택하기에 적절한 곳이네요. 꿈의 곳곳에서 프로이트는 계속 망설이고 있습니다. 그 상황에서 하고 싶은 말이 많았던 프로이트가 한마디라도 쏘아붙일까 아니면 꾹 참을까 망설이던 현실이 꿈에 표현된 겁니다.

기차에서 당장 내려 버리고 싶은 마음이 굴뚝같았겠죠. 그럴 수는 없으니 꿈은 다른 선택을 합니다. 순간 이동이 등장하는군요. 그리고 객실이 바뀌어요. 더 비좁은 객실로 이동해도 그런 사람만 없으면 된다는 말 같네요. 현실보다 오히려 상황이 더 안 좋지만 현실만큼 기분이 나쁘진 않아요.

거기서도 프로이트는 사람들을 만납니다. 그런데 이 오누이는 현실에서 만난 부부와는 분위기가 사뭇 다른 사람들이네요. 일단 영국 사람들이에요. 프로이트는 이복형도 좋아하고 이복형의 아들도 좋아하고 이복형이 사는 영국도 좋아했어요. 영국 해변에서 놀던 기억도 물론 좋았고요. 이 객실에는 책도 있어요. 오누이는 책에 대해 이야기하고 있는데, 프로이트는 그들이 무슨 이야기를 하는지 알고 있습니다. 현실에서는 맞은편에 앉은 부부가 눈짓을 주고받을 때 프로이트는 그게 무슨 뜻인지 몰랐죠. 그렇지만 꿈속 대화에서 프로이트는 남매와 소통하고 있습니다. 말실수를 보면 다시 해변에서의 기억을 떠올리는 것이고,

남매는 프로이트의 말에 고개를 끄덕이고 있습니다.

알미운 사람 둘을 만난 뒤 프로이트는 꿈속에서 말이 통하는
사람, 자기를 존중해 주고 예의를 갖추어 정중하게 대해 주는 사
람들을 만나고 있어요. 괴로워서 미칠 것 같은 상황을 조금이라
도 개선하기 위해 꿈은 갖은 노력을 다 기울이네요. 그 가운데
영국 해변의 이미지가 가장 치유적이죠. 바로 이런 이유에서 우
리 가슴 가득 행복을 채워 주는 기억을 모아 놓을 필요가 있는
겁니다. 힘들고 괴로울 때 그 속에서 잠시 쉴 수 있거든요. 영국
해변에서의 기억과 소녀와 나눈 대화가 없었다면 프로이트는 이
괴로움을 견디는 일을 더욱 힘들게 느꼈을 겁니다.

그런데 여기서는 꿈이 그냥 꿈으로 끝나는 듯한 시시한 느낌
이 조금 들죠? 다음 꿈에서는 꿈이 꿈으로 끝나지 않는답니다.
프로이트는 꿈에서 깬 뒤 현실의 한계를 넘어 나아가게 됩니다.

소변이 급해요 *13*

꿈 배경

어느 날 프로이트는 바트아우스제에서 휴가를 보내기 위해 기차 역에 갑니다. 그런데 조금 일찍 도착했더니 바트이슐에 가는 기 차가 대기 중이에요. 거기서 그는 바트이슐에서 황제를 알현하 기 위해 기차를 타는 튠(Thun) 백작을 봅니다. 비가 오는데도 그 는 덮개 없는 마차를 타고 와서는 의기양양하게 역으로 들어가 려 합니다. 그런데 직원이 그를 알아보지 못하고 표를 요구하는 거예요. 그는 아무 설명 없이 귀찮다는 듯 손짓만 한 번 했는데, 그것으로 충분했죠.

튠 백작이 탄 기차가 떠난 후 프로이트는 대기실로 돌아가야 했어요. 프로이트는 직원의 눈치를 보며 그냥 플랫폼에서 기다 리면 안 되겠냐고 물었습니다. 겨우 허락을 받은 프로이트는 거 기 앉아서 혹시라도 기다리는 사람들 가운데 누가 더 좋은 자리 로 표를 바꾸지는 않나 살피며 기차가 도착하기를 기다렸어요.

만약 그 사람이 좋은 자리를 얻어 낸다면 자기도 그렇게 요구할 생각이었죠. 일등칸 값을 냈는데도 프로이트의 자리는 별로 좋지 않았거든요. 밤에 화장실 가기가 어려운 칸이었어요.

그때 프로이트는 오페라 〈피가로의 결혼〉에 나오는 아리아 한 곡(tune)을 흥얼거리고 있었습니다. tune이 튠 백작과 발음이 같죠?

백작님, 당신이 춤을 추시고 싶다면
백작님, 당신이 춤을 추시고 싶다면
제가 한 곡(tune) 연주해 드리지요.

아마도 튠 백작을 계속 생각하고 있었나 봅니다. 또한 튠 백작을 싫어하는 기자들이 그를 비난하느라 그의 이름을 Nichts thun(아무것도 안 하는 백작)이라고 부른다는 게 기억났어요. thun은 독일어로 '무엇을 하다.'는 뜻이에요. 앞에 '아무것도 하지 않다.'를 뜻하는 nichts를 붙이면 '아무것도 안 하는 백작'이 되죠. 그러면서 생각했어요. '난 그가 전혀 부럽지 않아. 나야말로 아무것도 안 해도 되는 사람이잖아. 난 휴가를 떠나지만, 그는 황제를 알현하러 가고 있으니 말이야.'

이렇게 스스로를 위로하고 있을 때, 지위가 높은 어떤 사람이 좋은 자리를 요구하는 거예요. 그래서 이때가 기회라 생각하고, 프로이트도 불평을 했어요. 그러나 좌석을 바꿀 수는 없었어요.

속이 상한 프로이트는 승객들이 급히 화장실에 가야 할 때 이용하도록 기차 바닥에 구멍이라도 뚫어야 하지 않겠냐고 말했죠.

그날 새벽 2시 45분께 프로이트는 소변이 급해 잠에서 깹니다. 프로이트는 보통 한 번도 깨지 않고 아침까지 편안하게 자는 편인데, 이날은 소변이 급해서 새벽에 깬 거예요. 그는 자신이 정말로 화장실에 가고 싶었던 게 아니라, 혹시 자다가 깨면 어쩌나 하는 걱정을 너무 많이 해서 신경이 날카로워졌고, 그래서 새벽에 잠이 깼던 것 같다고 말합니다. 그리고 기차를 탈 때 자존심이 많이 상하고 속상했기 때문에 그런 불편한 감정들이 그를 깨게 한 것 같다고 말하기도 합니다. 그냥 넘어가는 게 하나도 없죠? 혹시 일어날까 봐 걱정하던 일을 우리 스스로 저지르는 경우가 있잖아요? 프로이트의 경우 그 일이란 한밤에 요의를 느껴 깨는 것이죠.

다른 이유는 없을까요? 있습니다. 그렇게 되면 자리를 바꿔주지 않은 역무원들을 욕할 수 있잖아요. 내 불평과 분노가 이렇게 정당화될 수 있죠. "이것 보라고. 이렇게 불편해지는데, 나를 이따위 불편한 찻간에 앉혔어." 하고요.

프로이트가 정말 속상했나 보네요. 속으로 손짓 한 번이면 사람들이 다 알아보고, 뭐든 원하는 대로 할 수 있는 그런 권력이 있으면 좋겠다고 생각했던 것 같아요. 꿈을 보면 그의 생각이 드러나겠죠. 그런데 꿈을 보기 전에도 다른 사례들을 통해 우리는 프로이트가 그런 소원을 품고 있었다는 걸 짐작할 수 있어요.

그는 유대인이었습니다. 사람들은 유대인을 차별했어요. 프로이트의 환자들 대부분이 유대인들이었기 때문에 정신분석은 유대인들의 학문이라는 놀림을 받기도 했죠.

프로이트는 요의 때문에 잠에서 깨기 직전 아래와 같은 꿈을 꿉니다. 자, 이제 그의 꿈을 살펴봅시다.

꿈 내용

사람들이 많습니다. 학생들의 집회 같네요. 어떤 백작이 연설을 하고 있는데, 튠 백작인 것도 같고 타페 백작인 것도 같아요. 독일인들에 대해 몇 마디 해 달라고 요청받자, 백작은 비웃는 듯한 표정으로 그들이 좋아하는 꽃이 머위라고 말한 뒤 잎이 다 떨어져 나간 가지를 단춧구멍에 꽂습니다. 나는 내가 모욕을 당한 듯 화를 냅니다. 그런 내 태도에 나 스스로 놀랍니다.

그다음은 조금 흐릿한데, 내가 대학 대강당에 있습니다. 출구가 모두 봉쇄되어 있지만 우리는 그곳을 탈출해야만 합니다. 어떻게 했는지 내가 밖으로 나와서 아름다운 가구들이 줄지어 선 방들을 지나가네요. 각료가 사는 곳이거나 공공 주택인 듯합니다. 가구 색깔은 갈색과 보라색의 중간이에요. 복도에 가정부가 앉아 있네요. 나는 아무 말도 하지 않으려 했는데, 이상하게도 그녀는 내가 복도를 지나갈 만한 사람이라는 걸 한눈에 알아보는 듯합니다. 그리고 자기가 램프를 들고 동행해 줄 수 있다고 내게 말합니다. 나는 어떤 몸짓으로 거기 그냥 있으라고 명령합니다. 그렇게 말했던 것도 같아요. 나는 감시를 피해 출구를 빠져나올 수 있었는데, 내가 전략적인 사람이라는 생각에 뿌듯한 느낌이 들었습니다. 아래층으로 내려오니 좁고 가파른 길이 있어요. 그 길로 걸어갑니다.

첫째 문제가 집을 벗어나는 것이었다면, 둘째 문제는 도시를 벗어나는 것인가 봐요. 나는 마차를 타고 마부에게 역으로 가자고 말합니다. 마부는 내가 자기한테 지나치게 일을 많이 시킨다는 듯 불평을 하네요. 나는 그에게 "그렇다고 선로를 타고 달릴 수는 없잖아요."라고 말해요. 이미 꽤나 먼 거리를 선로를 따라 그렇게 달린 것 같은 느낌도 들어요. 역이 모두 봉쇄되어 있어요. 나는 크렘스로 갈지 츠나임으로 갈지 고민하다가, 거기에 궁궐이 있다는 사실이 기억나서 그라츠 또는 그 부근으로 가려 해요. 내가 기차에 타고 있어요. 그리고 내 단춧구멍에 아주 독특하게 엮은 길쭉한 물건이 꽂혀 있습니다. 그 옆에는 보라색과 갈색이 도는 제비꽃이 있는데 뻣뻣한 재료로 만든 듯해요. 그것을 보고 사람들이 많이 놀랍니다.

다시 내가 역에 있어요. 그런데 이번에는 어떤 노신사와 함께 있어요. 나는 그가 나를 알아보지 못하도록 아무 말도 하지 않습니다. 효과가 있네요. 그는 정말 내가 누군지 모르는 것 같아요. 내가 생각만 하면 그 일이 바로 이루어질 것 같은 느낌도 들어요. 그는 시각 장애인이에요. 한쪽 눈이 보이지 않는 것 같기도 해요. 우리가 시내에서 사 온 남성용 소변기를 그에게 건넵니다. 그러니까 내가 간호사인 모양이에요. 그가 앞을 못 보기 때문에 소변기를 건넨 것이죠. 만약 표를 검사하는 승무원이 우리 모습을 본다면 그는 이 광경을 자연스럽게 생각할 거예요. 그가 소변 보는 모습이 보입니다.(209~210/215~216)

이쯤에서 프로이트는 소변이 급해서 잠을 깹니다. 이 꿈 참 이상하죠? 먼저 분석을 위해 몇 가지를 설명해 보면, 튠 백작과 타페 백작은 모두 오스트리아-헝가리 제국에 속하는 다른 민족들의 상대적 독립을 허용해야 한다고 주장했어요. 그리고 궁궐이 있는 도시로 언급된 크렘스와 츠나임은 프로이트의 꿈 내용과는 달리 황제가 거주하지 않는 곳이었어요. 도대체 무슨 말일까요? 경험과 겹치는 것들이 보이긴 하지만, 너무 복잡해서 한 눈에 들어오지 않네요.

그래도 눈에 띄는 것은 출구가 봉쇄되어 있다는 표현이 반복된다는 겁니다. 답답해 보이죠. 또 명백한 점들이 있습니다. 갇혀 있는 느낌과 그 상태를 벗어나려고 애쓰는 모습이 뚜렷이 드러나네요. 과연 프로이트는 이 답답한 공간들을 벗어나게 될까요? 자, 이제 자세히 분석해 봅시다.

꿈 분석
프로이트는 이 꿈의 첫머리가 1848년 독일 혁명의 분위기를 연상시킨다고 말합니다. 꿈을 꾼 1898년은 혁명 50주년이 되는 해였죠. 물론 이것은 튠 백작을 본 뒤에 연상된 것입니다. 프로이트는 튠 백작의 이미지가 건물의 외관이라면, 그 이미지에서 출발한 연상들이 복잡한 내부 구조를 만들어 간다고 말합니다. 그렇게 하나의 건축물이 지어지는 거죠.

꿈에 그려진 백작의 무례한 언행에서 프로이트는 15살 때의 기억을 떠올립니다. 영국의 헨리 8세를 좋아하는 한 친구가 학생들을 모았어요. 그들은 학생들에게 무심한 어떤 선생님에게 다 함께 뜻을 모아 문제 제기를 하려 했습니다. 프로이트도 그때 한 역할을 맡았죠. 모두 저항, 행동, 싸움과 관련되네요.

프로이드는 꽃을 단춧구멍에 꽂는 것도 떠올려요. 이는 전쟁과 연관되는 연상이에요. 여기서 프로이트는 붉은 장미 가문과 흰 장미 가문의 싸움이었던 장미 전쟁*을 떠올리거든요. 장미 전쟁을 다루는 셰익스피어의 희곡 『헨리 6세』 3부 가운데 1막 1장도 기억해 냅니다. 여기에는 장미 전쟁이 시작되는 순간이 묘사되죠. 또 흰 장미는 흰 카네이션에 대한 연상으로 이어집니다. 빈에서 흰 카네이션은 반유대주의의 상징이었거든요. 꽃, 저항, 싸움 등은 반유대주의적 폭력과 그에 대한 저항과도 관련되겠죠.

아름다운 작센 지방에서 기차 여행을 할 때 프로이트를 놀라

* 1455년부터 1485년까지 영국의 랭커스터가와 요크가 사이에서 벌어진 왕위 쟁탈전. 전자는 붉은 장미, 후자는 흰 장미를 문장으로 한 데서 장미 전쟁이라는 이름이 붙었다.

게 했던 사건도 언급해야겠네요. 몇몇 사람들이 부당하게도 프로이트의 가족이 유대인이라는 이유로 시비를 걸었어요. 이와 함께 프로이트는 자기가 가만히 당하고만 있지 않았던 과거 경험도 떠올려요. 대학 신입생 시절 학생들 사이에서 철학과 자연과학의 관계를 놓고 토론이 벌어졌을 때, 프로이트는 한 선배와 대결하여 그의 코를 납작하게 만들었습니다. 어떤 괴로움이 중심에 배치되는지 지도가 조금 그려지네요.

프로이트가 이렇게 멋있기만 했던 건 아니에요. 이 장면과 더불어 꿈에는 프로이트의 굴욕도 언급됩니다. 프로이트는 단어들을 곧잘 외국어로 먼저 생각하곤 했어요. 물론 모국어가 아니니 실수도 했죠. 그의 머릿속에 떠오른 단어는 pissenlit라는 프랑스어였어요. 그게 독일어로 '머위'라고 생각했는데, 사실은 '민들레'예요. 여기서 중요한 건 프로이트가 처음에 떠올린 외국어 단어입니다. 이 프랑스어 단어를 풀어보면 piss en lit가 되는데, 이건 '침대에 소변을 보다.'라는 뜻이에요.

프로이트는 실제로 어릴 때 침대에 실례를 하곤 했어요. 그것 때문에 혼날 때면 어린 프로이트는 아버지께 나중에 시내에서 빨간색 새 침대를 사 드리겠다고 말했대요. 프로이트는 시내에서 소변기를 사 온 장면이 여기에서 비롯된 것이라고 분석합니다. 그렇다면 그 노신사는 아버지겠네요. 그는 아버지께 무슨 이야기를 하고 싶은 걸까요? "아버지, 저는 돈도 많고 또 유명하기도 한 그런 사람이에요."라고 말하고 싶은 게 아닐까요? 그라츠가 또 나왔네요. "Was kostet Graz?"라는 표현은 "돈은 아무 문제가 되지 않아."라는 뜻이었죠.

프로이트는 이어서 아버지에 관한 기억을 하나 더 떠올립니다. 프로이트가 어릴 때의 기억이에요. 아버지께서는 부모가 있을 때 프로이트가 안방 소변기에 소변보는 걸 금하셨죠. 그는 8살 정도에 그 금기를 어겼고, 아버지께서는 "저런 자식이 커서 뭐가 되겠어."라고 소리치셨답니다. 꿈에서 프로이트는 아버지께 복수를 하고 있네요. 역할이 바뀌었잖아요. 현실에서 아버지는 녹내장 때문에 고생을 하셨어요. 이것이 꿈에는 시각 장애로 나타났군요. 그리고 아버지를 도와주는 입장에서 자기가 아버지께 소변기를 건네고 있죠.

전체를 한번 볼까요? 먼저 이 꿈은 튠 백작이 손짓 하나로 일을 해결하고 황제를 알현하러 떠나는 모습을 보면서 프로이트가 어떤 느낌을 받았는지 우리에게 알려 줍니다. 휴양지로 여행을 가는 자신은 튠 백작과는 형편이 꽤 달랐죠. 대단한 사람도 아니고, 돈이 많은 것도 아니었어요. 손짓 하나로 일을 해결하는 튠과 달리 그는 직원에게 사정을 하고 있었죠. 그는 아무도 아니었습니다. '아무것도 안 하는 백작'이란 바로 그를 지칭하는 이름이었던 거예요. 그건 아버지가 프로이트에게 한 말과 관련돼요. "저런 자식이 커서 뭐가 되겠어."라는 말은 아이에게 상처가 됐습니다. 고등학교 때 선생님께 이의를 제기했던 일, 대학 시절 선배에게 따진 일이 모두 "모욕을 당한 듯 화를" 내는 장면과 관련되죠. 머위(민들레)에서 오줌싸개로 연상이 이어지면서 다시 아버지, 모욕, 분노와 관련된 이야기가 드러납니다. 꿈속에서 가정부는 프로이트가 원하는 방식으로 그를 대해 줍니다. 이 장면에서 프로이트는 정말 대단한 사람처럼 보여요. 또 손짓 하나로 그의 뜻을 전할 수도 있었습니다.

꿈속에서 프로이트는 두 개의 서로 다른 공간에 갇혀 있습니다. 그리고 막힌 공간을 벗어나는 데 성공합니다. 프로이트의 첫째 과제는 아마도 아버지의 영향력에서 벗어나는 것이었을 테고, 둘째는 유대인이라는 정체성에 의해 만들어진 사회적 감옥을 벗어나는 것이었을 겁니다.

집에서는 아버지께서 자기를 아무것도 아닌 듯 대하셨고, 밖에 나가면 사람들이 유대인을 인간이 아닌 듯 경멸했습니다. 양쪽에서 다 벗어날 필요가 있었죠. 그는 두루두루 화가 많이 나 있습니다. 선로를 따라 먼 길을 달렸다는 건, 평생 유대인에게 적대적인 사람들 속에서 살아왔다는 뜻입니다. 그래서 그는 다시 자신을 알리려고 노력합니다. 자기가 도시 하나쯤은 거뜬히 살 만큼 부자고 대단한 사람이라는 거죠. 사람들은 그의 빛나는 모습에 놀랄 것입니다.

이제 노신사를 만날 시간입니다. 불쌍한 노신사인 아버지를 도와드려야죠. 아버지는 앞을 못 보시니 혼자서는 아무것도 하실 수 없잖아요. 프로이트가 미리 시내에서 사 온 소변기를 건네며 도와드립니다. 프로이트의 소원이 모두 이루어지는 아주 흐

못한 상황이군요.

우리는 이 꿈을 다양한 방식으로 해석할 수 있습니다. 어떤 공간에 갇혀 있고 움직일 수도 없는 상황에서 프로이트는 그곳을 벗어나고 있어요. 먼저 집에서 벗어났고, 다음으로 도시에서 벗어나죠. 그리고 꿈속에서 프로이트는 자신이 원하는 곳에서 원하는 방식으로 삶을 이어 갑니다. "저런 자식이 커서 뭐가 되겠어."라는 말은 아이의 감옥이 됩니다. 그런데 프로이트라는 아이는 그 감옥에 갇혀 있지 않아요. 그는 아버지의 말씀에 의해 만들어진 감옥을 벗어납니다.

꿈에서 프로이트는 아래층으로 내려와 좁고 가파른 길에 이릅니다. 힘든 여정이죠. 그러나 그는 그 길로 꿋꿋이 걸어갑니다. 인정받지 못하는 삶, 자신의 존재 자체가 혐오의 대상이 되는 삶을 사는 건 매우 어려운 일일 겁니다. 그런데 그 속에서 프로이트는 좁고 가파른 길을 향해 한 걸음씩 앞으로 내딛고 있어요. 아무리 애써도 유대인이라는 정체성은 벗어날 수 없습니다. 갑자기 어디서 많은 돈이 생기는 것도 아니고요. 화장실도 없는 기차 칸에서 걱정하며 여행을 하고 사람들 눈치를 보며 살지만, 그는 결코 자신의 삶을 아버지의 예언이나 타인의 시선 속에 가두지 않았습니다.

결과는 어땠나요? 이 모든 게 프로이트의 자기 망상이었나요? 프로이트가 세상을 떠난 지 75년(2014년 기준)이 되었는데, 아직도 우리는 정신분석의 아버지인 지그문트 프로이트의 이론

© Rene Magritte

〈향수〉

르네 마그리트, 1940

늙은 사자가 다리 위에 앉아 있고, 날개를 접은 중년의 남자는 사자를 등지고
서 있다. 과연 남자는 날개를 펴고 다리 위로 날아오를 수 있을까?
『꿈의 해석』에서 프로이트는 마음의 위기를 극복하고 하늘 높이 날아오른다.

을 공부합니다. 프로이트는 아버지의 저주와 자신의 정체성에 대한 사회의 시선에서 벗어났습니다.

그런데 사실 프로이트는 자신이 이런 일들을 성취할 수 있을지 확신하지 못했어요. 특히 『꿈의 해석』을 쓸 때도 그는 과연 자기가 사람들이 기억할 만한 책을 쓰게 될지 계속 불안해했습니다. 그런 저주를 받은 자신이 과연 사람들이 인정할 만한 일을 할 수 있을까 걱정했어요. 우리 모두 가끔은, 또는 자주 자신을 믿지 못하죠. 그건 자연스러운 일이에요. 더구나 프로이트처럼 "저런 자식이 커서 뭐가 되겠어." 같은 말을 들었다면 자기 자신을 믿기가 더욱 어려울 겁니다.

1896년 10월 23일, 아버지께서 세상을 떠나셨을 때 프로이트는 그렇게 슬퍼하거나 가슴 아파하지 않았어요. 가족들은 프로이트의 그런 반응을 섭섭해했죠. 그런데 그의 내부에서는 견딜 수 없는 감정들이 밀려오고 있었습니다. 그걸 어떤 방식으로든 쏟아 놓지 않으면 견딜 수 없게 되었을 때 자기 분석을 시작합니다. 끝없이 계속되는 아버지에 대한 꿈을 분석하지 않을 수 없게 된 거죠. 그렇게 그는 아버지를 대하는 자신의 감정을 다시 들여다봅니다. 아버지가 돌아가시고 12년 뒤 그는 『꿈의 해석』 2판에서 아버지를 다시 만나고 있습니다. 아버지와 화해하게 된 거죠.

물론 『꿈의 해석』을 쓰던 당시에는 자신이 무엇을 하고 있는지 잘 알지 못했습니다. 프로이트는 시간이 흐른 뒤에 이 책이 아버지께 올리는 서한이었다는 것을 깨닫습니다. 아버지께 자신의 이야기를 다른 방식으로 들려드리는 거죠.

저는 이 책(『꿈의 해석』)이 저 자신의 분석이자 아버지의 죽음에 대한 제 반응이라는 것을 깨달았습니다. 아버지의 죽음은 인간이 살아가면서 경험하는 일 가운데 가장 중요한 사건이고 가장 비통한 상실입니다.(xxvi/x)

프로이트는 지금 아버지께서 살아 계실 때 말씀드리지 못했던 정신분석 이야기를 최선을 다해 하고 있는 겁니다.

다음 장에는 아버지와 관련한 다른 꿈이 제시됩니다. 이것은 프로이트가 이와 같은 성찰을 하기 전의 꿈입니다. 여기서 프로이트는 자기가 과연 대중에게 도움이 될 수 있는 꿈 분석 저서를 쓸 수 있을까 걱정합니다.

식물학 논문 14

꿈 배경과 꿈 내용

꿈을 꾼 날 오전에 프로이트는 서점에서 식물학에 관련된 『시클라멘 속』이라는 책을 봤어요. 시클라멘은 프로이트의 아내가 가장 좋아하는 꽃이었죠. 프로이트는 아주 현실적인 사람이었어요. 돈을 많이 벌고 싶었고, 유명해지고 싶은 마음도 컸습니다. 멋있는 가정도 꾸리고 싶었고요. 아들 셋, 딸 셋을 둔 그는 초라했던 자신의 아버지보다 훨씬 위엄 있는 가장이었습니다.

프로이트는 늘 아버지에 대해 양가감정이 있었어요. 인정받고 싶은 마음도 있었고, 또 증오심을 품기도 했죠. 아버지께서 돌아가셨을 때 그는 아버지의 장례를 매우 간소하게 치렀어요. 심지어 이발소에 들렀다가 장례식에 늦기까지 했어요. 아버지가 정말 미웠던 겁니다. 사람들은 대놓고 말하진 않았지만 프로이트를 비난하는 눈길을 보냈어요.

이런 괴로움 속에서 그는 어떤 궁여지책을 구상하게 되었을까요? 모든 사람이 아버지를 미워한다고 말하면, 자신의 괴로움이 조금 사그라지겠죠. 그게 바로 오이디푸스 콤플렉스예요. 다른 사람들도 다 아버지를 증오했다는 거죠.

그는 아버지께서 돌아가시기 2년 전 코카인 연구로 논문을 한 편 썼습니다. 그 논문을 토대로 안과 의사였던 카를 콜러 박사가 코카인의 마취 효과를 밝히고 실제로 수술에 적용했죠. 프로이트는 자신이 연구를 거기까지 진척시키지 못한 것을 매우 아쉬워했어요. 그래도 자신의 연구 덕분에 그런 업적도 가능해진 것이라고 생각했답니다.

코카인의 해악이 알려지면서 이 모든 일이 웃음거리로 끝난 뒤에도 그는 가끔 혼자서 공상의 나래를 펼치곤 했습니다. 그의 공상 속에서는 모든 의사들이 코카인을 마취제로 사용하고, 그러한 혁신적인 방식을 도입한 자신에게 존경을 표했습니다. 그리고 어느 날 자기 아버지께서도 그 마취제 때문에 수월하게 눈 수술을 받게 되시는 거죠. 그때 프로이트는 그게 다 자기의 연구 성과 덕분이라는 것을 굳이 알리려고 노력하지 않아요. 자신의 공적을 숨기죠. 물론 나중에 아버지께서는 아들이 그런 사람이라는 걸 아시게 됩니다. 이런 상상을 하며 아버지께 진정으로 인정받는 장면을 그리곤 했어요.

프로이트는 책벌레였는데, 대학 다닐 때부터 많은 책을 사 모았어요. 아버지께서는 그걸 싫어하셨어요. 그러잖아도 쪼들리는 형편에 비싼 책들을 사는 프로이트가 마음에 들지 않으셨던 겁니다. 특히 도판이 실린 멋있는 책들을 제일 싫어하셨어요. 비싸잖아요. 물론 그 책들은 프로이트가 가장 좋아하고 아끼는 것이었죠. 이런 상황이니 프로이트가 이복형이 자신의 진짜 아버지라는 상상을 하게 된 겁니다.

아버지는 프로이트가 어렸을 때 이야기를 하나 들려주셨어요. 어느 날 새로 산 모자를 쓰고 길을 걷는데, 한 기독교인이 다가와서 "야, 이 유대인 놈아, 저리 비키지 못해."라고 말하며 모자를 진흙탕에 던져 버렸다는 거예요. 프로이트는 아버지의 활약상을 기대하며 그래서 어떻게 하셨냐고 여쭤봤는데, 아버지의 대답은 의외였습니다. 그냥 모자를 주워 오셨다는 거였죠. 그 순간 프로이트는 카르타고의 장군 한니발과 그의 아버지를 떠올립니다. 한니발의 아버지는 로마인들에게 복수를 하라고 아들한테 부탁했거든요. 유대인이던 프로이트는 늘 사람들의 시선을 의식하며 살아야 했어요. 그런 상황에서 아버지의 초라한 모습은 너무나 미워 보였습니다.

자, 이제 꿈을 살펴볼까요.

내가 어떤 식물에 관한 논문을 썼습니다. 단행본으로 나온 그 논문이 내 앞에 있고, 나는 색깔이 있는 도판을 넘기고 있습니다. 그런데 마치 식물 표본관에서 가져온 듯한 건조된 식물 표본들이 각 논문집에 붙어 있네요.(169/175)

프로이트가 어떤 식물에 관한 논문을 썼죠? 색깔 있는 도판은 무엇일까요? 또 책에 붙어 있는 건조된 식물 표본은 어디서 나타난 표상일까요? 꿈을 분석해 봅시다.

꿈 분석

물론 그 식물은 코카인입니다. 프로이트가 당시 그렇게 뿌듯해 하던, 코카인을 다룬 논문이 꿈의 핵심 소재예요. 그 논문을 쓰면서 프로이트는 나중에 유명해져서 사람들이 자기를 우러러보게 되길 꿈꿨죠.

색깔 있는 도판은 프로이트가 5살이었을 때의 기억과 관련됩니다. 아버지는 그와 3살이 채 안 된 그의 동생에게 책을 한 권 주시며 찢으라고 하셨어요. 그 책은 페르시아 여행에 관련된 것이었고, 색깔 있는 도판이 들어 있었어요. 그는 동생과 함께 마치 엉겅퀴 잎을 하나씩 떼어 내듯 책을 한 장씩 찢었다고 말합니다. 이와 함께 아버지에 대한 비난이 다시 이어져요. 어떻게 그런 식으로 교육하실 수 있느냐는 거죠. 책을 읽어 주시거나 설명해 주시지는 못할망정 책을 찢으라고 하는 아버지가 어디 있냐는 겁니다.

건조된 식물 표본은 고등학교 때의 기억과 연관됩니다. 언젠가 교장 선생님은 상급생들에게 학교에서 보관하던 말린 식물 표본을 깨끗이 정리하는 일을 시키신 적이 있어요. 꽤 많은 벌레들이 식물 표본집에 붙어 있었는데 그걸 털어야 했죠. 그런데 교장 선생님은 못 미더운 표정으로 프로이트에게는 다른 학생들보다 훨씬 적은 분량을 맡기셨죠. 그때 프로이트는 십자화과 표본 몇 개만을 받았습니다. 여기서 단어 하나가 눈에 띄네요. 프로이트를 지칭하는 말로서 책과 관련된 이 단어는 무엇일까요? 네, 맞아요. 바로 '책벌레'입니다.

또 꽃과 관련해서 프로이트는 아내가 좋아하는 꽃을 선물한 적이 거의 없었던 반면 아내는 프로이트가 가장 좋아한다고 말한 엉겅퀴를 자주 사 왔다는 걸 기억합니다. 이 연상은 아내가 며칠 전 만나고 온 친구와 관련된 생각으로 이어져요. 그 친구는 프로이트에게 분석받은 적이 있는데, 그 무렵 그녀는 남편과 사이가 별로 안 좋았어요. 그녀의 남편은 아내의 생일 때마다 꽃을 한 바구니씩 사 오곤 했는데, 언제부터인가 자꾸 아내의 생일을 잊어버렸습니다. 그녀는 남편의 망각 자체가 자신에 대한 사랑이 식었다는 걸 보여 주는 증거라고 말했어요. 그리고 이는 모든 망각에 의미가 있다는 프로이트의 이론에 정확히 들어맞는 사례였고요.

아내가 좋아하는 꽃인 시클라멘 식물에 관한 책을 본 뒤에도, 프로이트는 아내에게 꽃을 선물하지 않았어요. 사실 꿈을 잘 살펴보면 아내는 프로이트의 마음속 지도에서 그리 큰 부분을 차지하지 못하고 있습니다. 그보다 프로이트의 꿈 사고를 보여 주는 핵심 구절은 식물에 관한 책과 그 책이 자신 앞에 있다고 말하는 대목이에요.

그 전날 프로이트는 플리스에게서 편지 한 통을 받았습니다. 플리스는 이 편지에서 다음과 같이 말했죠. "난 요즘 온통 자네가 쓰고 있는 꿈 저서만 생각한다네. 나는 그 책이 출간되어 내 앞에 있는 걸 볼 수 있어. 난 지금 그 책의 페이지를 한 장씩 넘기고 있다네."(172/177). 플리스의 말을 보면 프로이트가 푹 빠질 만하군요. 그런데 학자에게는 이런 집착과 애정이 조금 위험하답니다. 특히 이상한 이론을 자주 주장하는 플리스 같은 친구가 있는 경우에는 더욱 그렇죠.

이 꿈에 나타난 프로이트의 꿈 사고를 정리해 봅시다. 우리는 꿈 전체에 걸쳐 플리스가 프로이트에게 해 준 말이 가장 큰 역할을 하고 있다는 사실을 알 수 있습니다. 프로이트가 플리스의 말을 반복하고 있네요. '『꿈의 해석』에 대한 기대'를 뜻하는 것이겠죠. 이 기억은 예전 코카인 논문에 대한 기억으로 이어져요. 식물, 책벌레, 교장 선생님, 책, 아버지, 꽃, 아내가 이를 따르는 표상들입니다. 프로이트는 혹시 이번에도 코카인 논문 때처럼 큰 창피를 당하는 것은 아닐까 염려하고 있어요.

그리고 프로이트를 믿지 못하던 두 사람을 불러내죠. 교장 선생님과 아버지입니다. 두 사람에 대한 기억 가운데 꽃과 관련된 에피소드들이 꿈의 재료로 사용되었네요. 그리고 그를 믿는 두 사람이 이들의 반대편에 배치돼요. 바로 플리스와 아내입니다. 아내가 얼마 전 만났던 친구는 아내의 반대편에 있는 사람이에요. 그녀는 자기 아내와는 달리 남편을 믿지 못했거든요. 꽃을 사다 주지 않아도 프로이트를 이해하고 감싸 주는 아내와는 달랐죠.

그런데 곰곰이 생각해 보면 문제가 좀 있습니다. 그 여자는 망각에 의미가 있다는 프로이트의 이론을 증명해 주는 사람이거든요. 그 사람이 맞다는 말인데, 이렇게 되면 그 여자가 속한 집단 전체가 맞다는 말로 확장될 가능성이 생기죠. 아내·플리스가 한 편에 있고, 그 반대편에 교장 선생님·아버지·그 여자가 있었죠. 그런데 그 여자의 말이 맞다면 자신을 믿지 못하던 교장 선생님과 아버지의 손을 들어 주는 셈이 됩니다.

꿈에서 프로이트는 자신을 믿지 못하고 있습니다. 식물학 논문을 보는 순간 코카인 논문 소동이 떠올랐고, 그런 자신이 무엇을 제대로 하겠냐는 생각을 어렴풋이 하게 되죠. 언젠가 아버지께서도 그렇게 말씀하셨고요. 그런 생각을 강화하고 증명하는 사건과 관련된 인물을 떠올리면 더욱 혼란스러워집니다. 이와 같이 꿈은 혼란스러운 상태를 보여 줍니다. 각 논문집에 표본이 붙어 있다는 것은, 새 책에 그런 염려와 걱정이 배어 있다는 뜻일 수도 있어요.

조금 물러나서 꿈을 봅시다. 식물에 관한 논문은 서점에 있는 책입니다. 그런데 거기에 식물 표본들이 붙어 있어요. 장소가 적절하지 않죠? 식물 표본은 표본관에 있어야 하는데, 책에 붙어 있잖아요. 그렇게 되면 표본이 망가지겠죠. 그렇게 하는 것이 적절하지 않기 때문에 색깔 있는 도판을 넣는 것이고요. 책에는 도판들이 실렸기 때문에 굳이 식물 표본을 붙일 필요가 없죠. 표본은 다시 걱정, 불신과 관련됩니다. 꿈은 괜한 걱정을 하고 있는 프로이트의 모습을 이와 같이 표현했습니다. 굳이 그렇게 걱정할 필요가 없다는 뜻이겠지요.

정말로 『꿈의 해석』은 꾸준히 사람들의 사랑을 받으며 불멸의 고전이 되었습니다. 초판을 찍은 후 2판을 찍을 때까지는 시간이 좀 걸렸어요. 1908년에야 2판이 출간되었거든요. 그러나 프로이트가 명성을 얻으면서 2판을 낸 지 겨우 3년 만에 3판을 찍었고, 다시 3년 후인 1914년 4판을 출간했습니다. 1929년에는 8판이 나옵니다. 1913년에는 영어판과 러시아어판이 각각 출간되었고, 1926년에는 프랑스어판, 1927년에는 스웨덴어판이 나왔어요. 또 1930년에는 일본어판, 1934년에는 헝가리어판, 그리고 1938년에는 체코어판이 출간되었죠. 오늘날 이 책은 정신분석의 중심 저서로 간주되며, 꿈 해석은 정신분석을 실천하는 중심 기법으로 자리 잡았습니다.

그렇지만 책을 쓸 때 프로이트는 이 모든 것을 전혀 예측할 수 없었어요. 그가 얼마나 불안해했는지 다음 꿈을 보면 잘 알 수 있답니다.

불멸의 작품 *15*

꿈 배경과 꿈 내용

프로이트는 불안했어요. 『꿈의 해석』을 출간하고 8년이 지났는데도 사람들은 프로이트의 새로운 꿈 이론에 관심이 없는 듯 보였어요. 학계에서도 프로이트의 꿈 이론을 인용하는 사람이 거의 없었고요. 프로이트는 서운한 마음을 아래와 같이 표현합니다.

> 지난 9년 동안,* 책(『꿈의 해석』)의 주제를 확장할 수 있을 만한 어떤 새롭고 가치 있는 자료나 의견도 제시되지 않았습니다. 이 기간 동안 출간된 대부분의 저서들에는 제 책의 제목조차 언급되지 않았죠. 제 책은 전혀 고려의 대상이 되지 못했습니다. 이른바 꿈을 '연구'한다는 사람들은 더욱더 무심했어요.

* 『꿈의 해석』 2판은 1908년에 출간되었고, 초판은 1900년에 출간된 것으로 표기되어 있다. 그렇지만 실제로 초판이 출간된 해는 1899년이었기 때문에 8년이 아니라 9년이라고 말한 것이다.

그들은 과학자가 제시한 새로운 영역을 배우는 것에 대해 명백한 반감을 드러냈습니다.(93/97)

프로이트는 기가 죽어 있었어요. 프로이트가 불안해하지 않도록 든든하게 지원하는 사람도 없었고, 돈도 없었으며, 아버지의 모습은 한없이 초라했고, 친구들과는 달리 자기는 교수가 되지도 못했거든요. 환자들은 그런 프로이트를 가끔 무시하기도 했답니다. "대단한 책을 쓸 거라면서요? 그 책이 도대체 언제 나오는데요?" 같은 질문을 하기도 했죠. 심지어 유대인에 대한 적대감을 노골적으로 드러내기도 했어요. 정신분석은 유대인들이나 하는 학문이라고 말하는 사람도 있었고, 프로이트의 논문을 비웃는 사람도 있었습니다.

그런 상황에서 프로이트는 『꿈의 해석』을 한 쪽씩 써 나갑니다. '과연 내가 할 수 있을까? 코카인 논문처럼 웃음거리가 되면 어떻게 하지?' 하는 걱정이 프로이트를 떠나지 않았어요.

그렇지만 이 질문은 프로이트만이 아니라, 우리가 살아가면서 반드시 하게 되는 질문이 아닐까요? 이 책을 쓰는 저 또한 같은 질문을 하고 있습니다. '청소년들이 날개를 펴고 마음껏 날 수 있도록 도와야 하는데, 내가 정말 그런 역할을 할 수 있을까? 내가 지금 정신분석 이야기를 잘 전달하고 있는 걸까? 너무 복잡하다고 하면 어쩌지? 외국어가 자주 나와서 흥미를 잃으면 어쩌지?' 등 여러 생각이 듭니다. '내 인생에서 내가 어떤 일을 이

룰 수 있을까?'라는 질문은 정말 두렵습니다. '만약 아무 일도 하지 못한 채 세상을 떠나게 된다면'이라는 가정은 정말 끔찍하죠. 그런 불안 속에서 프로이트는 다음과 같은 꿈을 꿉니다.

연로하신 브뤼케 교수님이 내게 어떤 과제를 내신 모양입니다. 기이하게도 그건 내 하반신에서 골반과 다리를 해부하는 것이었는데, 나는 해부실에서 그 광경을 바라보고 있어요. 그런데 해부할 때 몸의 일부가 없어지는 것을 자각할 수도 없고 섬뜩한 느낌이 들지도 않네요. 루이제 N이 내 옆에서 나와 함께 이 일을 하고 있어요. 골반을 제거하는데, 살색의 두꺼운 돌기가 보입니다. 그 돌기를 보니 치질이 떠오릅니다. 구겨진 은박지처럼 생긴 것이 위쪽을 덮고 있는데, 그걸 잘 벗겨 내야 합니다.
　다리가 다시 붙어 있어요. 시내에 가는 것 같습니다. 그런데 피곤한 느낌이 들어서 마차를 탔어요. 놀랍게도 마차가 문이 열려 있는 가정집 속으로 내달립니다. 집 속에 통로가 있어서 그 길로 쭉 따라가니 끝 부분에서 다시 바깥으로 나가게 됩니다. 거기에는 알프스 산맥을 안내하는 가이드가 있고 그가 내 물건들을 들어 주네요. 조금 걷다가, 내 다리가 아플 것 같다면서 이번에는 나를 업어 줍니다. 수렁이어서 우리는 옆으로 돌아갔어요. 사람들이 바닥에 앉아 있는데, 인디언이나 집시들처럼 보입니다. 그중에 한 소녀가 있어요. 조금 전 아주 미끄러운 곳을 지나왔는데, 해부를 당했는데도 내가 잘 걸었다는 게 놀랍게 느껴져요.

우리는 작은 나무 오두막에 도착했는데 창문이 열려 있습니다. 가이드가 나를 앉히더니, 판자 두 개를 가져와서 창틀에 얹어 밖으로 나갈 수 있게 통로를 만들어 주네요. 판자를 다리 삼아 그 아래 협곡을 건너가야 한다는 거예요. 내 다리가 걱정됩니다. 오두막 옆 나무 벤치에 누워 있는 두 남자가 보여요. 그리고 아이들 두 명이 그들 옆에서 잠을 자고 있어요. 갑자기 우리가 밟고 지나가는 게 판자가 아니라 아이들이라는 생각이 듭니다. 놀라서 잠을 깹니다.(452~453/455~456)

꿈 분석

프로이트는 이 꿈에서 중요한 표현이 '놀랍게'라고 말합니다. 가장 자주 반복되는 말이죠. '놀랍다'는 표상이 왜 이렇게 자주 사용되었을까요?

프로이트는 일단 루이제 부인과의 일을 떠올려 봅니다. 며칠 전 그 부인이 프로이트를 찾아왔어요. 읽을 만한 책을 권해달라고 해서 프로이트는 영국 소설가 헨리 라이더 해거드(1856~1925)의 『그녀』를 권했어요. 그는 이 책을 "암시와 숨겨진 의미들로 가득한 정말 기이한 책이에요. 영원한 여성성, 소멸되지 않는 우리의 감정에 대한……"이라고 열심히 설명했는데, 갑자기 그 부인이 "저도 그 작품은 알아요. 선생님이 쓰신 건 뭐 없어요?"라고 말하는 거예요. 프로이트는 기죽은 목소리로 "아쉽게도 전 아직 그런 뛰어난 작품을 쓰지 못했습니다."라고 대답했죠. 그랬더니 부인은 이렇게 말합니다. "저희 같은 평범한 사람들도 다 이해할 수 있는 멋진 작품을 써 주시기로 약속했잖아요? 그 책이 다 설명해 줄 거라면서요?" 그런데 이 말에 약간의 빈정거림이 들어 있었어요. 뭐 그리 대단한 사람도 아니면서 잘난 체한다는 듯한 빈정거림이었죠. 프로이트는 이에 한마디 대꾸도 못하고 입을 다물어 버립니다.

정신분석 이야기를 대중에게 잘 전달하려면 아주 구체적인 사례를 놓고 분석 과정을 설명해야 하는데, 그게 쉬운 일이 아니었습니다. 환자 이야기를 자세히 할 수도 없었고, 또 설사 환자가 동의한다 해도 그들의 증상이 매우 심각했기 때문에 일반 대중의 공감을 얻기가 어려울 듯 보였어요. 그렇다면 상당 부분은 프로이트 자신의 꿈 분석 이야기를 해야 하는데, 그것도 꽤 어려운 일입니다. 자신에 대한 모든 것을 다 공개하고 사람들이 볼 수 있도록 분석한다는 건 결단과 희생이 필요한 일이었습니다.

프로이트는 꿈에 나오는 '해부'가 바로 자기 분석을 뜻한다고 말합니다. 자신의 꿈 이야기를 자세히 펼쳐 내는 과정이 프로이트에게는 그렇게 느껴졌던 겁니다. 브뤼케의 실험실에 있을 때도, 브뤼케가 얼른 출간하라고 떠밀지 않으면 프로이트는 자기가 연구한 과학적 성취물들을 그냥 책상 속에 묵혀 두곤 했어요. 그래서 이 꿈의 초반부에 브뤼케 교수가 나오는 겁니다. 그가 프로이트의 등을 떠밀고 있습니다. 이제는 자기 분석을 제시하고 『꿈의 해석』을 출간할 수밖에 없는 상황이 된 거죠.

루이제 N 부인과의 대화에서 프로이트에게 가장 자극이 된 소재는 헨리 라이더 해거드의 『그녀』였습니다. 프로이트는 그 작품이 자기 마음을 휘저어 놓았다고 말합니다. 그리고 같은 작가의 『세계의 심장』이라는 작품도 떠올리죠. 꿈의 내용 가운데 많은 부분들이 두 소설에서 나왔습니다. 수렁이 묘사된 부분과 판자를 타고 건너야 하는 협곡은 『그녀』에서 온 것이고, 인디언과 나무 오두막은 『세계의 심장』에 나오는 요소들이에요. 두 작품 모두 아슬아슬하면서 긴장감 넘치는 모험담이죠. 『그녀』는 아무도 가 보지 않은 길을 탐험하여 미지의 세상을 발견하는 이야기입니다. 꿈속에서 프로이트는 다리가 아프다고 하는데, 아마도 그가 그동안 이와 같은 모험을 열심히 감행했던 모양입니다. 그리고 실제로 그날 낮에 많이 걸어서 다리가 아팠어요. 최근의 여러 경험이 중첩되어 꿈의 재료로 사용된 거죠.

프로이트는 『그녀』의 마지막 부분에서 기나긴 생명을 누려오던 '그녀'가 끝내 불멸을 얻지 못한 채 신비한 지하의 불에 타 죽게 된다고 설명합니다. 프로이트가 이 장면에서 얼마나 공포에 떨었을지 상상이 되나요? 새로운 이론을 발견하기 위해 다리가 부서지도록 걸어왔는데, 결국 아무것도 이루지 못하게 될지 모른다는 불안을 느꼈을 겁니다.

프로이트는 나무로 만든 집이 관을 상징할 수 있다고 분석합니다. 그렇다면 무덤 속으로 들어가는 셈이네요. 예전에 프로이트는 무덤에 들어가 본 적이 있어요. 고대 에트루리아인의 무덤이었죠. 안에는 돌로 만든 침상이 두 개 있었고, 거기에 성인 남자로 보이는 해골이 누운 상태로 놓여 있었어요. 프로이트는 꿈에 나왔던 나무 오두막 내부가 이 무덤의 내부와 정확히 일치한다고 말합니다. 그런 무덤은 평범한 사람의 무덤이 아니에요. 재력가나 권력가의 무덤이죠. 그러니까 꿈은 다음처럼 말하는 겁니다. "프로이트 당신이 관 속에 있다면, 바로 이런 무덤 속에 있겠죠." 그가 유명한 사람이 된다는 뜻입니다. 꿈은 걱정과 불안을 이렇게 소원 성취로 바꾸고 있습니다.

지금까지 프로이트의 자기 꿈 분석 사례들을 살펴보았습니다. 프로이트가 자기 아버지를 얼마나 미워했는지, 그러면서도 아버지와 소통하기를 얼마나 원했는지 알 수 있었죠. 또한 프로이트가 자신의 한계 너머로 나아가는 모습은 어떤 극영화 못지않은 감동을 줍니다. 이 과정에서 늘 불안하던 한 아이는 정신분석의 아버지가 됩니다.

『꿈의 해석』에는 환자들의 사례와 일반인들의 사례도 많이 포함되어 있어요. 다음에 살펴볼 분석은 꿈꾼 이의 연상이 없다는 점에서 특이합니다. 그녀는 프로이트의 환자가 아니었거든요. 프로이트는 꿈 내용만 듣고 이 꿈에 대한 분석을 시도합니다. 물론 평소 그 부인을 알고 있었기 때문에 가능한 일이었습니다. 이것은 우리가 일상생활에서 내가 잘 아는 사람을 이해할 때 사용할 수 있는 방법이 아닐까 싶네요. 함께 살펴봅시다.

불쌍한 늑대 작곡가 *16*

꿈 배경과 꿈 내용

후고 볼프(1860~1903)는 오스트리아의 가곡 작곡가로, 안타까운 삶을 살았어요. 30대 후반에 정신 병원으로 이송되기 전 그는 정신을 놓지 않으려고 안간힘을 쓰며 무서운 속도로 많은 곡들을 썼죠. 그러나 상당 부분은 미완의 상태로 남았습니다. 그는 1903년 43세의 나이로 정신 병원에서 삶을 마감했습니다. 볼프는 매우 문학적인 음악가였어요. 괴테의 작품을 사랑했고, 게르만 신화를 음악에 녹여 내는 바그너(1813~1883)*를 존경했죠. 많은 사람들이 그의 죽음을 슬퍼했답니다.

우리가 지금 살펴볼 꿈의 주인공이 바로 볼프입니다. 꿈꾼 이는 중년 부인이었고, 볼프의 죽음을 슬퍼하고 있어요.

* 19세기 유럽 음악계를 뒤흔든 음악의 거장. 베토벤, 모차르트 등이 이룬 고전 음악의 어법을 파괴하고 혁신적인 음악 세계를 선보였다. 나아가 성악가의 기교와 화려한 무대에 치중하던 기존 오페라를 넘어 문학과 음악이 어우러진 악극을 창시했다.

후고 볼프의 묘

볼프는 바그너의 영향을 받아 독창적인 가곡을 남긴 작곡가이다.
소수의 사람들에게 재능 있는 작곡가로 인정받기 시작했지만,
생활고로 힘든 시간을 보내다가 일찍 세상을 떠났다. 볼프의
묘는 베토벤, 슈베르트 등 위대한 음악가들이 쉬고 있는
빈의 중앙 묘지에 함께 안치되어 있다.

부인의 꿈에는 한스 리히터(1843~1931)라는 또 한 명의 작곡가가 등장해요. 리히터는 88세까지 건강하게 살았는데, 볼프보다 3살 위였지만 환갑이 넘어서까지 왕성하게 활동했죠. 그는 1875년부터 1898년까지 빈 필하모니 오케스트라의 상임 지휘자였고, 1876년에는 바그너의 오페라 〈니벨룽의 반지〉 전곡을 초연하기도 했습니다.

볼프도 1887년부터 1897년까지 왕성하게 작곡 활동을 했고 바그너의 음악을 사랑했어요. 그러나 볼프와 리히터는 아주 다른 방식으로 바그너를 사랑했죠. 볼프는 리히터보다 한 걸음 더 나아간 작곡가였어요. 바그너의 작품 자체에 충실했던 리히터와 달리 그는 바그너의 방식으로 가곡을 작곡하는 동시에 어떤 부분에서는 바그너의 방식을 과감히 포기하기도 했죠. 한마디로 그는 주체적이었습니다. 자기 자신이 되어 정말 새로운 작업을 했다는 뜻입니다.

바그너는 누구를 더 좋아했을까요? 물론 리히터입니다. 여러분은 누가 더 멋있게 보이나요? 당연히 볼프겠죠. 자, 그럼 꿈을 살펴봅시다.

오페라 공연을 보러 왔어요. 바그너의 오페라인데, 아침 7시 45분까지 계속되는 〈니벨룽의 반지〉였죠.* 1층 앞쪽 관람석에

---

* 바그너의 오페라 〈니벨룽의 반지〉는 모두 연주하는 데 무려 15~16시간이 소요된다.

는 테이블이 있어서 사람들이 먹고 마시며 공연을 관람했습니다. 신혼여행에서 돌아온 내 사촌이 자기 아내와 함께 한 탁자에 앉아 있는 모습이 보이네요.

관람석 중앙에 큰 탑이 솟아 있습니다. 그 중앙에는 철책으로 둘러싸인 연단이 있어요. 거기에 한스 리히터처럼 보이는 한 작곡가가 서 있습니다. 그는 이리저리 무섭게 연단을 뛰어다니며 땀을 뻘뻘 흘리고 있어요. 그러면서 그는 탑 아래에 모여 있는 오케스트라를 바라보고 지휘합니다.

나는 내 친구와 함께 칸막이가 있는 특별석에 앉아 있는데, 내 여동생이 일등석에서 석탄 한 덩이를 들고 와 내게 건넵니다. 그러면서 그렇게 오래 걸릴 줄 몰랐다고 말합니다. 특별석이 춥다고 생각한 모양이에요.(342/347)

이상한 꿈이죠? 관람석 중앙에 탑이 솟아 있는 모습은 마치 판타지 영화의 한 장면 같고요. 석탄 한 덩어리를 건네준다는 것도 이상한 부분이네요. 꿈꾼 이와 그녀의 친구, 여동생이 한 그룹을 이루고 있는 듯 보입니다. 신혼여행에서 돌아온 부부는 다른 그룹을 이루고요. 꿈꾼 이는 프로이트의 환자가 아니었기 때문에 개인적인 연상을 물을 수 없었어요. 그렇지만 프로이트는 그녀의 삶을 잘 알고 있었기 때문에 물어볼 필요 없이 수월하게 꿈을 분석할 수 있었다고 말합니다.

꿈 분석

프로이트는 꿈꾼 이가 볼프를 매우 불쌍하게 생각한다는 걸 알고 있어요. 왕성하게 활동해야 할 나이에 그가 정신 이상으로 활동할 수 없게 된 상황을 마음 아파하고 있다는 것도 알았죠.

관람석 중앙에 솟은 탑의 의미를 생각해 봅시다. 우선 탑이라는 건 감금을 뜻하는 이미지입니다. 게다가 철책이 있네요. 감금된 건 볼프였고요. 그런데 그녀는 그 속에 리히터를 넣어 두었어요. 둘의 처지가 바뀌면 좋겠다는 거죠. 그렇지만 탑은 다르게도 분석할 수 있을 듯해요. 우뚝 솟은 탑 위에 서 있다는 건 보통 사람들보다 훨씬 뛰어나다는 뜻이겠죠? 다른 어떤 작곡가보다 뛰어난 작곡가라는 뜻이기도 할 테고요.

감금의 이미지를 더 분석해 볼까요. 철책 속에서 리히터처럼 보이는 남자는 땀을 뻘뻘 흘리며 미친 듯이 뛰어다닙니다. 볼프(wolf)는 독일어로 늑대를 뜻해요. 이름이 동물의 연상으로 이어진 거죠. 정신 병원에 감금되어 있는 볼프, 늑대, 철책, 광기가 하나로 이어지면서 탑, 철책에 갇힌 작곡자의 모습으로 나타난 겁니다. 우뚝 솟은 탑 위의 작곡가는 확실히 볼프였네요.

그렇다면 석탄은 뭘까요? 독일 민요에 보면 "어떤 불도 석탄도 아무도 알지 못하는 은밀한 사랑만큼 뜨겁게 달아오르지는 못한다네."라는 가사가 있어요. 이 민요대로라면 석탄은 은밀한 사랑을 뜻하는 요소일 수 있습니다. 그녀와 친구는 둘 다 미혼이었어요. 독일어로 미혼은 sitzen geblieben이라고 하는데, 직역하면 '자리에 앉아 있다.'가 돼요. 그들은 1층의 사촌 동생 부부와 다른 공간에 앉아 있죠. 그런데 동생이 그들에게 다가와 석탄을 건네면서 "그렇게 오래 걸릴 줄 몰랐다."고 말하네요. 프로이트는 이 말을 문맥에서 분리해 독립적으로 분석해야 한다고 설명합니다. 공연이 오래 걸린다는 듯 말하고 있지만, 사실 이 문장만 보면 언니들이 너무 오래 결혼하지 않고 있다는 뜻으로 볼 수 있습니다. 그래서 언니들이 있는 특별석은 추워요.

바그너의 오페라 〈니벨룽의 반지〉도 지그문트와 지클린데의 사랑, 지크프리트와 브륀힐데의 사랑을 그리고 있어요. 1층에서는 먹고 마시며 공연을 즐기는데, 2층은 춤죠. 그녀는 지금 사랑이 있는 삶을 동경하는 듯합니다. 그래서 1층에 있는 동생이 사랑의 불씨를 위층으로 전달하는 것입니다.

은밀한 사랑의 대상은 아마도 이 꿈의 중심에 있는 볼프인 듯합니다. 볼프라는 작곡가의 열렬한 팬이군요. 그런데 그가 정신 병원에 입원하고 무대에서 사라지자 견딜 수 없이 괴로웠겠죠. 갇혀 있을 그를 생각하면 마음이 아팠을 거예요. 그리고 볼프보다 실력도 못하면서 유명해진 리히터가 미웠을 테고요. 차라리 리히터를 가둬 버리고 싶은 마음이 굴뚝같았겠죠. 이 이야기들이 하나로 어우러지면서 위와 같은 꿈이 탄생한 겁니다.

물론 이 꿈에는 수많은 다른 내용들이 있습니다. 꿈꾼 사람의 연상이 더해진다면 사촌 동생, 그의 부인, 친구, 동생과의 관계 등에 관한 더 많은 이야기들이 펼쳐질 테고요. 그런 점에서 자기 분석은 정보를 수집하는 데 유리합니다. 우리 자신의 이야기잖아요. 하나하나 메모하며 자세히 분석하다 보면 생각지도 못했던 이야기들이 쏟아져 나올 겁니다. 물론 그 목적지는 무의식의 진실입니다.

우리는 지금까지 프로이트의 『꿈의 해석』의 다양한 면모를 살펴보았어요. 우리가 꿈 분석을 공부한 이유는 그 방법론을 일상생활에서 활용하기 위해서였습니다.

이제는 정신분석학이 인류 문화 전반에 대해 어떤 다채로운 분석을 제시할 수 있는지 다양한 작품들을 통해 살펴볼까 해요. 전집 속에 언급된 작품과 프로이트가 언급하지 않은 이야기로 범위를 넓혀 볼게요. 프로이트가 꿈 분석을 바탕으로 옌젠의 소설 『그라디바』를 어떻게 분석했는지 알아보고, 정신분석의 방법론으로 프란츠 카프카의 작품도 살펴봅시다. 더불어 프로이트가 분석한 레오나르도 다빈치와 〈모세상〉에 대해 이야기해 보고, 꿈의 중요성을 확신했던 초현실주의에 대해서도 살펴봅시다. 그후 2014년 초 'Let it go' 열풍을 몰고 온 애니메이션 〈겨울 왕국〉을 정신분석학으로 살펴보고, 마지막으로 2014년 봄부터 우리가 공유하고 있는 슬픈 기억에 대해 이야기해 보죠.

자, 그럼 4부로 떠나 볼까요.

생활 속의 정신분석학

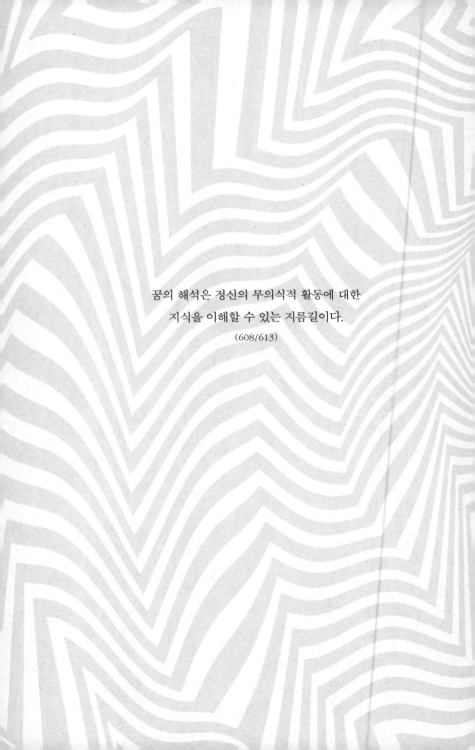

꿈의 해석은 정신의 무의식적 활동에 대한
지식을 이해할 수 있는 지름길이다.

(608/613)

문학과 정신분석 *17*

겁쟁이 하놀트의 꿈 분석

『꿈의 해석』뿐 아니라 프로이트 전집 속 다른 작품들에도 꿈 사례가 많이 나와요. 1907년 프로이트가 출간한 문학 비평 「옌젠의 『그라디바』에 나타난 망상과 꿈」도 제목에서 알 수 있듯이 꿈이 분석의 단서로 제시된답니다.

빌헬름 옌젠(1837~1911)의 『그라디바』는 참 재미있는 이야기예요. 누구에게도 마음을 열지 못하던 하놀트라는 주인공이 어릴 때 단짝이던 조이 베어트강에게 다가가는 이야기입니다. 한 사람을 사랑한다는 건 정말 두려운 일이에요. 자기의 세상이 깨지는 고통을 느껴야 하고 불확실한 미래에 대한 공포도 견뎌야 합니다. 고통과 공포를 극복하고 자신의 마음을 열 수 있는 자만이 사랑을 할 수 있습니다. 용기가 필요하겠죠. 그런 용기를 내기 전까지 겁쟁이 하놀트는 자신 안에 갇혀 있답니다.

하놀트는 고고학 교수인데, 공부 말고는 아무것에도 관심이 없는 목석같은 사나이예요. 그러던 어느 날 박물관에서 걷는 모습의 부조에 마음을 빼앗깁니다. 그 이미지에 너무나 매료된 나머지 조각된 여자에게 그라디바라는 이름을 붙여 주어요. 라틴어 gradus는 '걸음'을 뜻하고, diva는 여신을 뜻합니다. 걷는 모습이 눈에 띄게 아름다웠기 때문에 그라디바라는 이름을 붙인 거죠. 그리고 부조 모형을 사서 집에 갖다 놓고는 친구처럼 이야기도 하고 농담도 건네요.

얼마 후 하놀트는 폼페이로 여행을 떠나는데, 그곳에서 걸음걸이가 그라디바를 꼭 닮은 여자를 만나게 됩니다. 그는 그 여자에게 "당신은 귀신이죠?"라는 바보 같은 질문을 한답니다. 그랬더니 그 여자는 화를 내기는커녕 다정하게 웃으며 자기 이름이 조이 베어트강이라는 거예요. 잠시 후 돌아보니 그녀가 사라졌어요. 하놀트는 그라디바가 저승 세계로 돌아갔다고 생각하죠.

그는 이튿날도 같은 장소에서 그녀를 기다립니다. 그라디바가 다시 나타납니다. 그는 준비해 간 수선화를 건넸습니다. 그녀는 수선화를 받아 들고는 잠시 기다리더니, 그가 아무 말도 하지 않자 어디론가 사라져요. 그는 그녀를 저승으로 보내야 한다고 생각하며 그녀를 따라가지 않았어요.

재미있는 건 그다음입니다. 그렇게 그라디바를 보내고 속으로 '그녀는 귀신이야.'를 반복하면서도 폼페이에 있는 모든 호텔을 뒤지고 다녀요. 마지막 호텔인 '알베르고 델 솔레' 호텔 주위를 배회하던 그는 드디어 한 발코니에서 수선화를 발견합니다.

걷는 모양이 인상적인 고대 조각

소설 『그라디바』에서 주인공이 보았음 직한 조각으로 걷는 모습이
인상적이다. 어떤 사람이 우리에게 기억될 때, 그 사람의 다른 부분들은
모두 잊히고 그와 관련된 특정 표상만 머릿속에 남는 경우가 있다.
『그라디바』는 그러한 기억의 특성을 잘 포착한 소설이다.

바로 자기가 선물한 꽃이었죠. 보통 사람 같으면 '아, 저기가 조이 베어트강이 묵는 곳이구나.' 하고 생각했겠지만, 겁쟁이 하놀트는 그저 산책을 좀 오래 하고 싶었을 뿐이라는 이상한 변명을 하며 자기 숙소로 돌아옵니다.

다음은 그날 밤 주인공이 꾼 꿈이에요.

그라디바가 양지바른 곳에 앉아 도마뱀을 잡기 위해 풀잎으로 올가미를 만들고 있어요. 그녀가 말합니다. "가만히 있어요. 제 여자 동료의 말이 맞네요. 이 방법은 정말 괜찮아요. 그 여자도 이렇게 해서 성공했대요."*

잠에서 깬 하놀트는 이 어이없는 꿈을 잊어버리려고 애씁니다. 프로이트는 이 꿈이 하놀트에게 아주 중요한 단서를 제시한다고 말하네요. 하놀트는 그 전날 도마뱀을 연구하는 교수를 만났어요. 꿈에서는 그 자리에 그라디바가 있는 거죠. 그 교수도 햇볕이 내리쬐는 언덕에서 도마뱀을 잡고 있었어요. 그라디바가 한 말은 거의 대부분 그 교수가 하놀트에게 한 말이랍니다. 차이라면 교수는 "내 동료 아이머"라고 했는데 꿈에서는 이것이 "여자 동료"로 바뀌는 거예요. 그리고 교수는 "내가 그 방법을 꽤 자주 써 봤는데 언제나 효과 만점이었어."라고 말했는데, 꿈속에서

* 지그문트 프로이트(1907), 「옌젠의 『그라디바』에 나타난 망상과 꿈」, 영어 전집 9권 25쪽/독일어 전집 7권 50쪽.

그라디바는 "그 여자도 그렇게 해서 성공했대요."라고 말해요. 주어가 다르고, 자주 사용했다는 말이 빠졌네요.

하놀트가 머무는 숙소에는 신혼여행을 온 부부들이 많았기 때문에 사랑의 향기가 넘쳐났어요. 하놀트는 그곳에서 신혼여행 중인 남녀 한 쌍을 만나기도 했고요. 이 꿈은 결혼, 사랑, 연애, 결합을 중심으로 분석해야 할 듯합니다.

꿈에서 도마뱀을 잡고 있는 건 남자가 아니라 여자예요. 지금 하놀트는 무슨 생각을 하고 있는 걸까요? 조이는 하놀트를 아주 다정하게 대해 주었어요. 그리고 꿈속에서 그녀는 도마뱀을 잡고 있어요. 하놀트의 꿈속에서 조이가 잡고 있는 건 아마 하놀트였을 겁니다. 그러니까 사랑의 줄다리기가 도마뱀 잡기로 표현된 거죠. 여자 동료는 이미 신랑이라는 도마뱀을 잡은 신혼여행 중인 신부를 뜻하고요.

그런데 왜 하필이면 도마뱀을 연구하는 교수의 말을 그라디바가 하고 있는 걸까요? 사실 그 교수는 조이의 아버지였답니다. 조이는 하놀트의 어린 시절 소꿉동무였고요. 하놀트의 무의식은 조이 아버지의 직업을 기억하고 있었던 모양입니다.

마지막으로 가장 중요한 요소가 하나 남았어요. 바로 '양지'입니다. 양지라는 말에서는 바로 태양이 연상되죠. 태양은 어디서 왔을까요? '솔레'(sole)는 이탈리아어로 '태양'을 뜻합니다. 조이가 묵는 호텔의 이름이 바로 '알베르고 델 솔레 호텔'이었죠? 즉 '양지바른 곳에 그라디바가 앉아 있다.'는 것은 '태양 호텔에 그라디바가 묵고 있다.'를 뜻합니다. 의식은 조이가 귀신이라고 주장하지만, 무의식은 그녀가 살아 있는 사람이며 태양 호텔에 묵고 있다는 사실을 이미 알고 있는 거죠.

그다음 이야기가 어떻게 되냐고요? 물론 하놀트는 용기를 내어 조이에게 한 걸음씩 다가갑니다. 그리고 그녀를 기억해 내죠. 하나씩 실마리를 풀어 가던 하놀트는 베어트강이라는 이름에서 강(Gang)이 '걸음걸이'라는 걸 알아냅니다. '그라디바'와 연결되네요. 마음속에 어린 조이가 걸어 다니는 모습이 간직되어 있었기 때문에, 그 이미지를 닮은 조각이 그를 사로잡았던 겁니다. 자기 분석을 수행한 하놀트는 시간이 흐르며 조금씩 치유됩니다. 그리고 소설은 그가 그녀에게 나중에 폼페이로 신혼여행을 오자고 제안하는 것으로 끝난답니다.

프란츠 카프카의 꿈 분석

프란츠 카프카(1883~1924)는 프로이트와 동시대에 오늘날 체코의 수도인 프라하에 살았던 소설가입니다. 그러나 프로이트는 카프카에 대해 한마디도 하지 않았어요. 둘은 서로에게 별 관심이 없었지만, 두 사람에게는 비슷한 면이 있었답니다. 우선 둘 다 오스트리아-헝가리 제국에 살았고, 또 둘 다 아버지 이야기를 참 많이 했어요.

제가 『꿈의 해석』을 프로이트가 아버지께 올리는 편지로 볼 수도 있다는 말을 했었죠? 카프카는 실제로 아버지께 긴 편지를 썼어요. 부치지는 못했지만, 이 긴 편지는 훗날 『아버지에게 드리는 편지』라는 제목으로 출간되었습니다. 이 편지에서 우리는 카프카의 인생에서 아버지가 얼마나 큰 자리를 차지하는지 알 수 있답니다. 카프카는 또 자신의 꿈을 기록했어요. 그 꿈 모음집이 『프란츠 카프카, 꿈』으로 나와 있고요. 물론 꿈에도 아버지 이야기가 많이 나옵니다.

카프카의 소설들은 몹시 음울해요. 그는 『실종자』, 『소송』, 『성』 같은 장편을 비롯해 「선고」, 「변신」, 「유형지에서」, 「시골 의사」 같은 단편들을 남겼습니다. 아주 답답한 공간이나 상황에 대해 우린 "카프카적이야."라는 말을 하기도 하죠.

「선고」라는 작품에서 아버지는 아들에게 저주의 말을 퍼붓고, 아들은 아버지의 저주대로 스스로를 파멸시킵니다. 너무 우울하죠? 이 아버지는 도대체 어떻게 만들어진 인물일까요? 마음 아픈 것은, 카프카 자신이 그렇게 평생 아버지를 벗어나지 못했다는 점이에요.

카프카는 34살에 결핵에 걸렸고, 1924년 마흔의 나이로 요양원에서 삶을 마쳤습니다. 가정을 이루려고 노력했지만 세 번의 약혼과 세 번의 파혼 속에 끝내 결혼은 못했어요. 죽을 때 카프카는 절친한 친구 막스 브로트에게 자신의 모든 글들을 불태워 달라고 유언했어요. 그러나 다행히 친구가 그의 말을 듣지 않은 덕분에 오늘날 우리가 카프카의 작품을 읽을 수 있게 되었죠.

카프카의 꿈을 하나만 살펴볼게요. 29살 때의 꿈입니다.

나는 아버지와 함께 전차를 타고 베를린을 관통해 갔습니다. (……) 우리는 어떤 문 앞에 도착해서, 내린다는 느낌도 갖지 못한 채 전차에서 내려 문 안으로 들어섰어요. 문 뒤에는 아주 가파른 벽이 허공으로 치솟아 있었습니다. 아버지는 거의 춤추는 것 같은 걸음걸이로 그 벽을 올라갔습니다. 올라가는 아버지의 다리가 날아갈 듯 너울거렸죠. 그처럼 그의 발걸음은 가벼워 보였어요. 분명 부족한 배려심 탓에, 아버지는 나를 전혀 도와주지 않았죠. 나는 네 발로 간신히 기어서 죽을힘을 다해 올라갔지만, 자꾸만 뒤로 미끄러지곤 했어요. 벽은 내 발아래에서 더욱더 가파르게 변하는 것만 같았습니다.[*]

꿈에 카프카가 아버지와 함께 있습니다. 허공으로 치솟아 있는 가파른 벽을 떠올려 보세요. 답답하지 않은가요? 높은 벽이 앞을 막고 있잖아요. 그런데 아버지는 그 벽을 능숙하게 타고 오릅니다. 실제로 카프카는 겉으로 보기에도 왜소한 느낌이 있었습니다. 그와 달리 아버지는 아주 건장한 분이셨죠. 육체적으로도 정신적으로도 아버지만큼 강해질 수는 없었습니다. 그런 마음이 고스란히 꿈에 반영되었네요. 이런 심정은 카프카가 아버지께 올리는 편지에서도 확인할 수 있어요.

[*] 프란츠 카프카, 배수아 옮김(2014), 『프란츠 카프카, 꿈』, 워크룸, 52쪽.

수시로 나를 지배하던 그 '아무것도 아닌 존재'라는 감정은 (또 어떻게 보면 값지고도 유익한 감정이기도 했지만) 다분히 아버지의 영향에서 비롯된 것입니다. 저한테는 약간의 격려와 약간의 따뜻한 정, 그리고 제 길을 조금 열어 두는 정도면 되었을 텐데 아버지는 오히려 제 길을 가로막았지요. (······) 저는 깡마르고 허약하고 홀쭉했고, 아버지는 강하고 크고 어깨가 떡 벌어진 체격이었지요. 탈의실 안에서부터 이미 저는 저 자신이 초라하게 여겨졌지요. 아버지 앞에서만이 아니라 온 세상 앞에서 말입니다.*

아버지는 실제로 배려심이 없었고, 카프카가 무엇을 원하는지 별 관심이 없었습니다. 카프카는 자기가 바라는 길을 선택하지 못했어요. 아버지께서 원하시는 대로 법학 공부를 했거든요. 그래서 소설은 늘 퇴근한 뒤에 시간을 내서 썼죠. 그런 삶은 참 힘들었을 거예요. 꿈에서 죽을힘을 다해 벽을 오르는 모습이 안쓰럽죠. 자꾸 뒤로 미끄러지네요. 이 가파른 벽은 아무리 노력해도 도저히 소통할 수 없는 답답한 상황을 묘사하는 듯합니다.

이런 상황은 그의 소설에도 반영되어 있답니다. 『소송』이라는 소설에서 주인공 요제프 K는 어느 날 영문도 모른 채 체포됩니다. 온 힘을 다해 자신의 무죄를 증명하려 애쓰지만 아무 소용

* 프란츠 카프카, 이재황 옮김(2014), 『아버지에게 드리는 편지』, 문학과지성사, 26·29쪽.

이 없죠. 이 소송은 답답함과 막막함 속에 파국적인 결말로 막을 내립니다. 모든 소통이 차단된 폐쇄적인 체제는 아버지의 형상이 반영된 것입니다. 그런 묘사는 『소송』뿐 아니라 카프카의 다른 작품인 『성』에도 나옵니다. 아무리 노력해도 주인공은 저 높은 곳에 있는 성에 이르지 못하죠.

이제 K의 눈에는 맑은 공기 속에 윤곽도 뚜렷하게 저 위의 성이 보였다. 모든 물체의 형상을 그대로 드러내며 얇게 층을 이룬 채 쌓여 있는 눈 때문에 성의 윤곽이 한층 더 뚜렷하게 보였다. 아닌 게 아니라 산 위에는 이곳 마을보다 눈이 훨씬 적게 쌓여 있는 것 같았다. 마을에서는 어제 국도를 걸어올 때 못지않게 앞으로 나아가는 게 힘들었다. 이곳에는 눈이 오두막집의 창문까지 쌓여 있고, 나지막한 지붕 위를 무겁게 내리누르고 있다. 그렇지만 산 위에는 모든 것이 거침없이 날렵하게 솟아 있었다. 적어도 여기서는 그렇게 보였다.[*]

주인공은 결코 성에 이르지 못하며, 성 아래 마을에서도 받아들여지지 않습니다. 소통이 사라진 세상에서 이해할 수 없는 폭력과 권력에 희생당하는 주인공들은 모두 카프카 자신의 분신일 것입니다. 주인공들을 파국으로 내모는 관료제[**] 또한 카프카의

[*] 프란츠 카프카, 홍성광 옮김(2008), 『성』, 펭귄클래식 코리아, 16쪽.
[**] 관료가 권력을 장악하고 다스리는 제도나 기구. 또는 권위적·획일적·형식적인 경향

삶을 짓누르고 있던 아버지의 권위가 형상화된 것입니다. 겉으로 보기에 카프카는 평생 이런 답답한 느낌을 벗어나지 못한 것 같습니다. 거듭되는 좌절과 질병도 삶의 변화를 막았고요.

그렇다면 프로이트와는 달리 카프카는 평생 마음의 감옥에서 벗어나지 못했다고 해야 할까요? 그렇지는 않습니다. 그는 왕성한 창작으로 세상이 한 번도 보지 못한 새로운 공간을 작품 속에 뛰어나게 펼쳐 놓았습니다. 그래서 그는 자신의 절망을 "또 어떻게 보면 값지고도 유익한 감정"이라고 표현할 수 있었던 거예요. 이 세상 어느 누구도 카프카만큼 절망적인 삶의 공간을 생생하게 묘사한 사람은 없답니다. 그는 결코 마음속 감옥에서 무력하게 삶을 낭비하지 않았어요.

그의 작품은 단지 아버지에 대한 이야기만은 아닙니다. 우리모두에게는 카프카가 창작한 세상처럼 우리를 가두는 것들이 있습니다. 결코 벗어날 수 없을 것만 같은 공간, 문을 열고 나서는 것 자체가 불가능해 보이는 그런 공간이 있죠. 우리는 그걸 운명이라고도 일컬어요. 그것은 어떻게 해도 벗어날 수 없는 삶의 궤적으로, 그것으로부터 온 힘을 다해 도망쳐도 결국 내가 출발했던 그곳으로 돌아오게 되는 덫처럼 느껴집니다.

카프카가 그리는 공간은 오늘날 우리 사회의 관료제를 닮은 것이기도 합니다. 사무실에는 문서만 가득할 뿐, 직원들은 사람

을 띤 제도나 기구를 비판적으로 이르는 말이다.

서류 더미와 개성 없는 인물들

카프카의 『성』을 바탕으로 연출한 공연의 한 장면이다. 똑같은 옷을 입은
사람들이 똑같은 자세로 걸어간다. 무대 주위에는 서류가 잔뜩 쌓여 있다.
인간적인 모습이 보이지 않는 이들과는 어떤 이야기도 나눌 수 없을 것 같다.
카프카는 관료제라는 기계적이고 비인간적인 체제를 잘 묘사한 소설가이다.
그것은 그의 아버지에게서 볼 수 있는 특징이기도 했다.

을 배려하는 일에 매우 서툽니다. 불필요해 보이는 절차만 가득한 곳, 카프카는 바로 이러한 비인간적인 세상을 드러냈습니다. 발터 벤야민(1892~1940)이라는 철학자의 말대로 자신의 감옥이 세계 무대가 되게 만든 거죠. 그는 자신의 절망을 피해 도망가기보다 그 절망을 누구보다 더 생생히 묘사하여 자신을 구속하는 작은 세상 너머로 나아갔어요. 카프카 이후에 우리는 현대 사회에 그런 경향이 있다는 사실을 부정할 수 없게 되었죠.

이런 문제 제기는 물론 세상을 변화시켜야 한다는 책임으로 이어집니다. 나와 내가 사랑하는 사람들, 그리고 내 아이들이 그렇게 살게 할 수는 없거든요. 이런 생각을 하고 카프카를 다시 읽으면 그가 변화를 위해, 그리고 막힌 세상에 구멍을 뚫기 위해 얼마나 노력했는지 느낄 수 있어요. 그렇게 본다면 카프카도 프로이트와 마찬가지로 봉쇄된 집과 도시 속에 갇혀 있기만 했던 사람이 아니죠.

이와 같이 우리는 꿈뿐만 아니라 편지를 비롯한 여러 기록도 그 사람을 이해하기 위한 자료로 삼을 수 있습니다. 또한 정신분석으로 문학 작품도 분석할 수도 있고요. 프로이트는 언젠가 레오나르도 다빈치가 책에 남긴 기록 중 독수리에 관한 기억에 초점을 맞추어 다빈치를 분석했답니다. 다음에는 미술 영역으로 가 봅시다.

미술과 정신분석 *18*

레오나르도 다빈치의 독수리 기억

여러분은 미술 작품을 감상할 때 어떤 부분들을 보나요? 프로이
트는 환자들을 분석하던 방식으로 작품을 감상한답니다. 관련된
모든 자료를 다 찾아내 분석하려 하죠. 다빈치의 〈모나리자〉도
마찬가지였어요. 프로이트는 우선 이 그림이 왜 그렇게 신비롭
게 보일까 질문합니다. 피렌체 여인을 모델로 그린 그림인데, 도
대체 뭐가 그렇게 특별한 것일까요?

　다빈치는 서자로 태어났어요. 한동안 어머니와 둘이서 살았
는데, 나중에 아버지가 다빈치를 데려가 계모 밑에서 자랍니다.
어머니께서 세상을 떠나셨을 때 그는 강박적으로 가계부를 적는
등 이상 행동을 보였어요.

　프로이트는 다빈치가 남긴 인체 스케치들을 분석하면서 이
상한 점을 하나 발견해요. 남성의 신체는 제대로 그려진 반면,
여성의 경우는 스케치가 아주 단순화되어 있는 겁니다. 이건 아

주 이상한 점이에요. 왜냐하면 다빈치는 완벽주의자라서 절대로 어느 것도 대충 하는 법이 없었거든요. 완벽주의 성향 탓에 미완의 작품도 많았고요. 모든 것을 완벽하게 묘사하고자 노력했던 그가 여성의 신체를 그렇게 그렸다는 건 이상한 일이죠. 프로이트는 그것이 증상이라고 생각했어요. 평생 독신으로 살았다는 것도 이 부분과 관련된 것이 아닌가 생각했고요.

여성, 결혼, 어머니라는 주제어를 놓고 고민하던 프로이트는 하나의 기록을 찾아냅니다. 거기에는 "내 삶은 운명적으로 독수리와 관련되어 있는 것 같다. 아주 오래전 내가 요람에 누워 있을 때 독수리가 날아와 꼬리로 내 입술을 몇 번 친 기억이 있다."고 적혀 있었어요.* 프로이트는 다빈치의 독서 목록을 확인하고 이 기억이 어떤 다른 기억으로 이어질 수 있는지 추리합니다.

프로이트는 다빈치가 고대 이집트에 관심이 많았다는 걸 알게 되었습니다. 그는 그렇다면 다빈치가 분명히 독수리 모성신에 대해서도 알고 있었을 것이라고 추측합니다. 모성신의 이름은 무트였는데, 독일어로 어머니가 Mutter(무터)거든요. 프로이트는 다빈치의 기억 속 독수리가 어머니를 상징하는 것 같다고 말하며, 독수리에 대한 집착을 어머니와 관련짓습니다. 그리고 다빈치에게는 어머니가 가장 중요한 사람이었을 것이라고 말합니다.

* 지그문트 프로이트(1910), 『레오나르도 다빈치와 유년 시절의 기억』, 영어 전집 11권 82쪽/독일어 전집 8권 150쪽.

〈모나리자〉
레오나르도 다빈치, 1506

모나리자의 미소는 왜 이토록 매혹적인 것일까?
프로이트는 다빈치가 이 그림을 그릴 때 모델인 피렌체 여인의 미소
너머에서 어머니의 미소를 떠올렸기 때문이라고 주장한다.

그렇다면 다빈치가 〈모나리자〉에서 그린 것은 피렌체 여인에게 투영된 어머니의 모습이겠군요. 신비한 미소는 바로 어머니의 미소였고요. 그래서 그 그림이 모든 이의 마음을 움직이게 된 거죠.

그런데 문제가 있습니다. 영어 전집에는 제임스 스트레이치의 편집자 서문이 붙어 있는데, 꽤 유용할 때가 많아요. 스트레이치는 프로이트가 읽은 기록이 오역본이었다는 사실을 지적합니다. 오역본에는 독수리(Geier)라고 되어 있지만, 다빈치의 실제 기록에는 솔개(nibio)라고 적혀 있거든요. 독일어 전집에는 여전히 아무 설명 없이 독수리라고 되어 있어요. 독수리가 아니라 솔개라면 우리는 이집트로도 못 가고, 모성신 무트 이야기도 못해요. 어떡하죠? 네, 프로이트가 도망갈 방법이 없네요.

그렇지만 스트레이치는 이집트도 빼고 모성신도 빼고 그 나머지만 보더라도 여전히 프로이트의 분석이 빛을 발한다고 말합니다. 즉 다빈치와 그의 어머니의 관계가 다빈치의 그림을 이해할 때 중요한 부분이라는 통찰은 여전히 유효하다는 거죠. 〈모나리자〉의 미소가 어머니의 미소라는 프로이트의 해석이 무너지지는 않는다는 건데, 여러분 생각은 어떤가요?

미술 분석에서 프로이트가 저지른 실수는 이뿐만이 아닙니다. 〈모세상〉을 분석할 때는 더 큰 실수를 저질렀어요. 그런데 그 실수가 우리에게 알려 주는 게 있답니다. 일단 프로이트의 〈모세상〉 분석을 살펴봅시다.

미켈란젤로의 모세는 무엇을 보고 있는 걸까?

〈모세상〉은 미켈란젤로가 16세기에 만든 대리석 조각으로 성 베드로 성당에 있습니다. 프로이트는 이 조각을 보고 마음을 빼앗겨 논문을 쓰게 돼요. 이때 그가 사용한 자료는 바로 성서입니다. 환자의 말이나 꿈과 같은 방식으로 성서에서 모세가 등장하는 대목을 분석한 거죠.

프로이트의 질문은 아주 구체적이에요. 프로이트는 '모세가 왜 율법 판을 저렇게 들고 있는 걸까?', '수염은 또 왜 저런 방향으로 흘러내리고 있을까?', 「출애굽기」를 아무리 읽어도 모세가 앉아서 쉴 수 있는 장면은 없던데, 왜 앉아 있을까?', '모세의 시선은 지금 어디를 향하고 있을까?' 등의 질문을 제기합니다.

그리고 관련된 자료를 모으죠. 성서에 보면 모세는 이스라엘 백성들과 함께 이집트를 탈출한 뒤 십계명을 받으러 시나이 산에 올라갑니다. 그때 참을성 없는 이스라엘 백성들이 금송아지를 구워 놓고 우상 숭배를 하죠. 산에서 내려오던 모세는 그 모습을 보고 화가 나서 십계명이 적힌 율법 판을 산 아래로 던져 깨뜨립니다. 그렇다면 지금 모세는 무엇을 보고 있을까요? 프로이트는 금송아지라고 답합니다. 그런데 문제는 이 조각이 교황 율리우스 2세의 묘역에 세울 장식이었다는 겁니다. 그렇다면 율법 판을 깨뜨리는 모세를 거기에 배치한다는 게 좀 이상하죠?

프로이트는 여기서 "이 모세는 성서의 모세가 아닙니다."라는 이상한 결론을 내립니다. 율법 판을 깨뜨리려고 일어서던 모

〈모세상〉
미켈란젤로 부오나로티, 1516

모세는 왜 소중한 율법 판을 한쪽 팔에 끼고 앉아 있을까?
프로이트는 이것이 모세가 분노를 가라앉히는 모습이라고 분석한다.

세가 자신의 분노를 가라앉히며 다시 좌정하는 모습이라는 거죠. 급하게 일어섰다가 다시 앉는 장면이기 때문에 수염과 손을 비롯해 자세가 그렇게 되었다는군요.

아주 오랜 시간이 흐른 뒤 루디 브레머라는 학자가 이 분석에 이의를 제기해요.* 그는 프로이트가 결정적으로 놓친 부분이 있다고 말합니다. 바로 모세가 율법 판을 잡고 있는 방식입니다. 신에게서 받은 소중한 물건을 한쪽 팔에 아무렇게나 끼고 있을 수 있나요? 그건 상식에 어긋납니다. 두 손으로 공손히 안았겠죠. 브레머는 성서를 다시 읽습니다. 그리고 프로이트가 놓친 사실을 알아냈어요. 모세가 시나이 산에 두 번 오른다는 점입니다. 「출애굽기」 34장 1~2절은 다음과 같습니다.

> 야훼께서 모세에게 이르셨다. "돌판 두 개를 처음 것처럼 다듬어 놓아라. 그러면 그 돌판에다 지난번에 네가 깨뜨린 첫 돌판에 써 주었던 글을 내가 다시 새겨 주리라.**

네, 모세가 기다리는 동안 앉아 있을 수 있겠네요. 그리고 그동안 그가 들고 있던 판은 빈 판이겠죠. 빈 판을 한쪽 팔에 끼고 있는 건 아무 문제 없어 보이네요. 브레머는 「출애굽기」 33장 21

---

* Rudy Bremer(1976), "Freud and Michelangelo's Moses", *American Imago*, Spring, 33(1).
** 『공동번역 성서』(1986, 대한성서공회)에서 발췌.

~23절에 나오는 다음 장면을 지적합니다. 이 장면에서 우리는 모세가 무엇을 보고 있는지 알게 됩니다.

여기 내 옆에 있는 바위 위에 서 있어라. 내 존엄한 모습이 지나갈 때, 너를 이 바위 굴에 집어넣고 내가 다 지나가기까지 너를 내 손바닥으로 가리리라. 내가 손바닥을 떼면, 내 얼굴은 보지 못하겠지만 내 뒷모습만은 볼 수 있으리라.

다음은 브레머의 해석입니다. 손을 거두었을 때 모세는 야훼의 뒷모습을 보게 됩니다. 바위 굴에 집어넣는다는 표현에서 잠시 모세가 돌 틈에 앉아 있게 되고요. 〈모세상〉은 바로 이 순간을 포착한 것이라는군요.

여러분은 어떻게 생각하세요? 프로이트의 해석에서 모세는 금송아지를 보고 있었습니다. 그러나 브레머의 해석에 따르면 그는 야훼의 등을 보고 있어요. 무엇이 맞을까요?

여러분, 제가 이 두 가지 해석을 제시한 이유는 정신분석의 방법론을 강조하기 위해서랍니다. 브레머가 어떤 방법으로 프로이트가 틀렸다는 사실을 증명했죠? 네, 브레머 역시 프로이트의 분석 방식을 따르고 있습니다. 정밀한 분석, 치밀한 해석은 프로이트가 성서를 읽고 〈모세상〉에 대해 질문하는 방식과 다르지 않아요. 정신분석의 방법론을 그대로 사용했네요.

언젠가 또 다른 학자가 브레머의 결론에 다시 이의를 제기할 수도 있습니다. 정보가 많아지면 새로운 결론이 나오거든요. 정신분석이 추구하는 것은 정답이 아니라 고정된 시각을 부수고 새로운 시선을 부여하는 방법론 그 자체입니다. 새로움과 변화, 바로 그것이 정신분석의 중심에 있는 주제어입니다!

꿈과 무의식을 사랑한 초현실주의자들

미술 영역에서 빼놓을 수 없는 이야기가 하나 더 있습니다. 바로 초현실주의예요. 미술책에서 살바도르 달리(1904~1989)의 〈기억의 영속〉이라는 그림을 본 적이 있죠? 초현실주의 화가 달리는 정신분석을 좋아했어요. 그는 프로이트가 세상을 떠나기 1년 전 프로이트를 만나 〈나르시스의 변모〉라는 그림을 선물했습니다.

달리는 앨프리드 히치콕(1899~1980) 감독과도 함께 작업했어요. 〈스펠바운드〉라는 히치콕의 영화에서 꿈 장면들을 달리가 설계했죠. 신비롭고 몽환적인 장면을 보고 있으면 마치 〈기억의 영속〉이라는 그림이 움직이는 듯한 느낌이 든답니다. 달리의 그림들을 보면 처음에는 조금 나른한 느낌도 들고, 꿈이나 초현실이라는 말 자체가 비현실적인 듯 느껴지기도 해요. 그렇지만 초현실주의는 굉장히 힘이 있는 운동이랍니다.

초현실주의를 자세히 설명하기 전에 먼저 달리의 〈기억의 영속〉을 살펴볼까요? 이 그림에는 원래 〈늘어진 시계〉라는 제목이 붙어 있었어요. 미국 화상인 줄리언 레비가 그림에 〈기억의 영

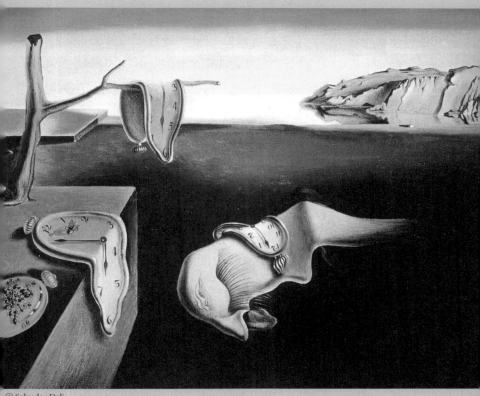

〈기억의 영속〉(늘어진 시계)

살바도르 달리, 1931

나뭇가지에 걸린 시계도, 나무 상자에 걸친 시계도, 특이하게 생긴
하얀 생물체 위의 시계도 모두 늘어져 있다. 이렇게 늘어진
시계에서는 시간이 어떻게 흘러갈까?

속〉이라는 제목을 다시 붙인 거죠.[*] 그림 제목을 '기억의 영속'이라고 하면, 잊고 싶지 않은 어떤 기억에 관한 그림일 거라고 생각하게 됩니다. 그러나 이 그림에서 핵심은 늘어진 시계 모양 자체입니다. 시계는 딱딱한 모양을 하고 있으며, 시곗바늘은 기계적으로 돌아갑니다. 시간을 멈출 수는 없죠. 그런데 달리는 시계가 녹아내리게 만들었어요. 물론 그 속의 시간도 현실의 시계처럼 한 방향으로 흐르지 않을 겁니다. 바로 이것이 초현실입니다. 현실을 넘어서는 아이디어로 현실에서는 불가능한 세상을 창조하는 거예요.

그러나 그림 속 대상들이 모두 현실과 무관한 건 아니에요. 오히려 그 반대입니다. 저 뒤편에 보이는 바다 배경과 앞쪽의 부러진 올리브 가지는 달리가 에스파냐의 리가트 항구를 묘사한 것이에요. 그는 예술 작품이 현실의 법칙에 압도당해서도 안 되지만 그 반대로 초현실적인 작품이 현실을 떠나서도 안 된다고 생각했어요. 현실을 넘어서되 그 현실을 떠나서는 안 된다는 거죠. 달리는 현실을 보면서도 시간과 공간에 제약받지 않고 또 다른 현실을 함께 볼 수 있었으며, 동시에 모든 사람이 굴복해야 하는 세상의 법칙에서 자유로워지고자 했습니다. 그것은 도피가 아니었어요. 현실을 벗어나는 것이 아니라 자유로운 방식으로 현실을 대면하려는 시도였죠.

* 피오렐라 니코시아, 정은미 옮김(2007), 『달리, 무의식의 혁명』, 마로니에북스, 42 ~43쪽 참조.

뒤편의 절벽이나 시계에 함께 그려진 개미는 황폐한 분위기를 자아냅니다. 그렇지만 이 그림이 나약해 보이지 않는 이유는 그런 황폐함 속에서 달리가 시간의 법칙에 반기를 들고 있기 때문입니다. 현실의 황폐함을 대면하면서도 꿈 같은 초현실적 에너지를 이용해 새로운 세상을 만들었죠. 이것이 바로 초현실주의입니다.

초현실주의는 프랑스 시인 앙드레 브르통(1896~1966)이 창시한 운동입니다. 초현실주의 운동은 꿈과 무의식에 대한 정신분석의 이론에 깊은 관심을 보였어요. 나아가 초현실주의자들은 정신분석 이론을 현실 변화를 위한 실천적인 도구로 사용하려고 했죠. 현실에서는 가능하지 않은 듯 보이는 것들이 무의식의 영역에서는 가능하잖아요. 그 힘을 현실로 불러오고 싶어 했던 겁니다. 무의식적인 사고가 왜곡되거나 변형되지 않은 상태에서 의식에 드러나게 만들고자 했고, 그 에너지를 가능한 한 조절하거나 통제하지 않으려 했죠.

그러한 방법의 하나로 그들은 자동 기술법이라는 작품 창작 방식을 개발합니다. 그건 의식이나 선입견을 배제하고 이성의 통제를 피해 진실을 기록하기 위해 고안된 방법입니다. 그 목적은 무의식 자체가 나를 통해 세상에 표현되도록 하는 것이었어요. '이게 맞을까, 저게 맞을까?', '이렇게 하면 어떻게 될까, 저렇게 하면 뭐가 위험할까?' 생각하기보다 그냥 손 가는 대로, 마음 가는 대로, 어떤 통제도 없이 그림을 그리고 글을 쓰려 했던 거죠. 꿈을 그대로 기술한다거나, 이야기가 맥락조차 없이 흩어져도 그 자체를 기록합니다. 이런 방식으로 그들은 마음속 깊은 곳에 있는 또 다른 세상을 현실에 드러내고자 노력했어요.

왜 이런 시도가 중요할까요? 그건 이 운동이 변화와 새로움을 지향했기 때문입니다. 초현실은 현실의 모든 습관과 고정 관념, 모든 고정된 것들을 다 부수어 그 속에 변화와 새로움을 불어넣을 수 있는 현실 너머의 영역이에요. 그러나 그 영역은 현실의 중심에서 펼쳐져 현실을 바꿀 수도 있어요. 그래서 우리는 초현실주의를 도피로 간주해서는 안 됩니다. 초현실주의는 오히려 그 반대를 추구하는 운동이었죠.

브르통은 1924년에 「초현실주의 선언」를 발표하면서 광기와 상상력을 연계하고 꿈의 중요성을 강조한답니다. 그는 사람들이 일반적으로 꿈을 경시하는 경향이 있다고 비판하며, 현실보다는 꿈속에서 진정으로 중요한 것을 배울 수 있다고 주장해요. 물론 이것은 정신분석의 기반 위에서 하는 말들이죠.

또 그는 무의식의 사고를 세상에 드러내고 싶어 했어요. 초현실주의자들은 일상의 언어가 진실을 알지 못한다고 생각했어요. 그래서 무의식의 작동을 극대화하고, 그것이 세상에 존재의 진실을 드러내게 만들고자 노력했죠. 그들은 무의식, 즉 우리가 알지 못하는 세상의 힘과 그 역할을 믿었습니다. 정신분석이 이론으로 만들어 놓은 개념들을 그들은 현실에서 사용하고 싶어 했어요.

브르통은 1929년 「초현실주의 두 번째 선언」을 발표합니다. 그는 더욱 강경한 어조로 초현실주의는 꿈, 환상, 무의식의 예술이자 혁명의 도구라고 주장합니다. 초현실주의의 세상이 역사 속에 실현되어야 하며, 그것은 약한 자와 소외된 자들을 위한 세상이라고 말하죠. 예술은 일반 대중과 상관없는 놀이라는 비판에 맞서 그는 초현실주의 예술이 노동과 삶의 차원에 함께 배치되어 있다는 점을 강조합니다. 살 만한 세상, 아름다운 세상을 현실에 지어 내는 시도라는 겁니다.

　이것은 정신분석학의 목표이기도 합니다. 이론을 위한 이론, 사람과 세상에 무관한 이론을 어디에 쓰겠어요? 정신분석은 사람 이야기입니다. 한 사람 한 사람의 일상에 관한 이야기이고, 그 일상에 변화와 새로움을 불어넣기 위한 이론이며, 궁극적으로 새로운 세상에 대한 이야기입니다. 반복되는 일상이 바뀌고 세상에 작은 변화가 시작되면 그 변화들이 모여 새로운 세상이 만들어지는 거죠.

일상생활 속 자기 분석 19

〈겨울 왕국〉이 우리에게 들려주는 이야기

〈겨울 왕국〉은 친구 같은 자매인 엘사와 안나의 이야기를 담은 디즈니 애니메이션이에요. 엘사는 손에 닿는 모든 것을 얼릴 수 있는 신비한 힘이 있습니다. 그녀는 여름에도 눈이 내리게 할 수 있어요. 문제는 이 힘이 통제되지 않는다는 겁니다. 그래서 엘사는 오랜 시간 자신의 힘을 숨기고 살아요. 그렇게 눌러 두면 어떻게 되죠? 누르는 힘만큼 강하게 억압된 부분이 요동치겠죠. 엘사는 자신의 능력을 사람들에게 들키게 되고, 결국 산으로 도망칩니다.

산에서 얼음 성을 만들어 놓고 부르는 노래가 바로 'Let it go'랍니다. 이 영화의 주제곡이었는데, 많은 가수들이 "다 잊어. 다 잊어." 하며 번역된 노래를 불렀습니다. 거리의 열 살배기 친구들도 덩달아 "다 잊어."를 부르고 다녔는데 뭔가 잘못되었다 싶었죠. 꿈을 분석하듯 가사를 한번 원문과 비교하고 분석해 볼까요?

　엘사는 자신의 인생이 저주 받았다고 생각하고 있어요. 그래서 세상에서 도망친 거예요. 자기가 사라져 버려야 동생을 지킬 수 있다고 생각해요. 그런데 막상 얼음 성을 짓고 보니 마음이 무척 편한 겁니다. 내 세상이죠. 그때 그녀는 다음과 같이 노래합니다. 먼저 우리말 가사입니다.

　다 잊어. 다 잊어. 이젠 참지 않을 거야.
　다 잊어. 다 잊어. 문을 열고 나아갈 거야.

　그러니까 이것은 과거의 이야기군요. 이 대목만 보면 괴로웠던 과거를 극복해야 한다는 말처럼 들려요. 예전에는 많이 참았군요. 사람들이 못살게 굴었나 봅니다. 예전의 그 일들을 다 잊고 이제 새로 시작하자고 다짐하네요. 그런데 대체 뭘 잊으라는 걸까요? 이번에는 영어 가사를 봅시다.

　Let it go. Let it go. Can't hold it back anymore.
　Let it go. Let it go. Turn away and slam the door.

　이 부분에서 엘사는 신비한 능력을 감추기 위해 끼고 있던 장갑을 벗어 던집니다. 그리고 마음껏 기운을 뿜어냅니다. 손이 가리키는 족족 아름다운 얼음 결정이 만들어지며 성이 완성되어

갑니다. 그 능력을 뿜어내며 "Let it go."라고 말하죠. 그건 '발산해!'라는 뜻입니다. 여기서 it은 자신의 능력을 말해요. "네 능력을 마음껏 발산해!"라고 스스로에게 말하는 거죠. 이어지는 다음 문장은 '그 능력을 더 이상 숨길 수가 없다.' 또는 '그걸 더 이상 내 안에 눌러 둘 수가 없다.'는 뜻이에요. 터져 나오려 하는 그 에너지를 막을 수 없다는 말입니다. 그래서 엘사는 손끝을 통해 그 기운을 발산합니다.

두 번째 문장의 "Let it go."는 이중 의미가 있어요. 발산하라는 말도 되지만, 동시에 잊으라는 말도 됩니다. 이 부분은 '다 잊어.'라고 번역해도 돼요. 이어지는 다음 문장은 '돌아서서 문을 닫아 버려.'라는 뜻인데, 이것은 과거와 관련됩니다. 능력을 숨기기만 했던 그 과거에서 돌아서서 기억의 문을 닫아 버리라는 겁니다. 다 잊어버리고 이제 능력을 발산하면 되겠군요.

어떤 차이점이 눈에 띄나요? 우리말 번역 가사는 과거를 극복하고 미래로 나아가며 끝납니다. 아무 문제가 없네요. 문을 열고 나아갈 수 있는 사람이라면 벌써 성숙한 거죠. 별 문제 없겠네요. 그런데 뭘 참지 않겠다는 거죠? 잘 모르겠어요. 반면 영어 가사는 구체적인 현재의 변화에서 시작합니다. 목적어가 분명하죠. '자신의 능력'을 발산하겠다고 말합니다. 그런데 그다음 가사에서는 과거에서 돌아서서 문을 닫아 버리겠다고 하는군요. 이건 문제가 되죠. 시간이 끊기잖아요. 미래로 연결되지도 않고요. 문제가 생겼으니 이제 이 문제를 해결해야겠군요. 그게 이 영화의 줄거리입니다.

엘사는 문을 열고 나아갈 수 없는 상황이에요. 오히려 반대로 갇혀 있는 상태죠. 시간으로부터, 과거로부터, 현실로부터 돌아섰으니까요. 능력을 발산할 수 있게 됐지만, 그녀의 삶은 멈추어 버렸습니다. 이 문제를 해결하기 위해 동생이 그녀를 찾아옵니다. 안나는 엘사의 닫힌 삶에 변화를 불러일으키고 새로운 방식으로 과거를 반복할 수 있게끔 돕겠죠.

이 애니메이션의 주제는 우리가 지금까지 살펴본 정신분석학의 이야기와 다르지 않아요. 다른 누군가의 눈치를 보거나, 다른 사람들의 생각과 말을 기준으로 내 삶을 평가해서는 안 된다고 했죠? 이 영화에서 엘사는 자기 자신이 누구인지 모르는 사람으로 등장합니다. 그녀는 다른 사람들의 기준이 정답이라고 생각하죠. 자신만의 특별함을 저주라고 생각해요. 그리고 그걸 숨겨요. '남들처럼'이라는 말은 우리가 참 많이 들어 온 표현입니다. 엘사는 자신만의 특별함을 없애 버리고 싶어 합니다. '왜 같아질 수 없을까?', '왜 나만 다를까?' 고민하며 괴로워하죠.

그러나 이 애니메이션은 그것이 결코 저주가 아니며 사실은 그녀만이 지닌 삶의 선물이었다는 것을 알려줍니다. 세상을 더욱 밝게 빛낼 그녀만의 재능이기도 했고요. 세상 사람들이 모두 같은 특성, 같은 성격, 같은 생각을 가지고 있다면 어떨까요? 사는 게 끔찍하지 않을까요. 세상 사람들이 모두 같은 실수를 저지르고 같은 편견을 품겠죠. 우리가 서로 다르기 때문에 그런 면들이 보완될 수 있는 겁니다. 내가 못하는 일을 다른 사람이 할 수 있는 거죠. 도움이 필요할 때 서로 도울 수 있고요. 자신이 가장 잘하는 것을 찾고 그 능력을 키운 사람을 우리는 전문가라고 합니다. 우리는 전문가가 절실히 필요한 세상에 살고 있어요.

전문가들의 세상을 위하여

2014년 4월 16일, 진도 앞바다에서 세월호가 침몰해 300여 명이 소중한 목숨을 잃은 참사가 일어났습니다. 이 참사에 대해 침묵하고 넘어간다면, 제가 이 책에서 이야기한 정신분석이 그저 이론으로 끝나고 말겠죠.

정신분석은 현실에서 쓸 수 있는 실천적 이론입니다. 그 이론은 우리를 움직이게 만들죠. 우리는 살아가면서 "가만히 있으라."는 말을 참 많이 듣습니다. 실제로 가만히 있던 순간들도 많아요. 프로이트가 우리에게 들려주는 한마디는 "가만히 있어서는 안 된다."는 것입니다. 그것은 이상한 것이나 불편한 것에 대해 문제를 제기하고, 마음속 이야기를 표현하는 행위를 뜻합니다. 한마디로 그것은 세상에 질문을 던지는 행위입니다.

13장의 튠 백작 꿈 사례에서도 그랬듯이, 프로이트는 갇힌 공간에서 벗어나기 위해 노력합니다. 그것은 나 자신에 대한 정의를 벗어나는 과정이기도 합니다. 아무것도 변하지 않을 것 같은 카프카의 세상에서도 우리가 지치지 않고 질문한다면 세상은 바뀔 겁니다. 아무 이야기를 하지 않을 때 또는 아무도 문제 제기를 하지 않을 때, 불합리한 구조와 비정상적인 결정들이 세상 곳곳에 뿌리내리게 됩니다. 그것에 대해 말하고 지적하고 질문해야 합니다.

정신분석은 그동안 개인적인 학문으로 간주된 경향이 있습니다. 성숙한 사람이 될 수 있도록 돕는 학문이지만, 세상을 설명하는 데는 한계가 있어서 사회 이론보다 영역이 좁다고들 하죠. 그런데 개인의 성숙은 언제나 사회에 대한 책임과 의무로 연결되는 것 아닐까요?

자신을 표현할 수 있는, 즉 가만히 있지 않는 어른이었다면 "이건 낡은 배잖아요. 더 사용하면 안 되죠."라는 상식적인 질문을 적극적으로 던지고, 낡은 배가 사용되지 못하게 막았을 겁니다. 거기까지 나아가지 못했다는 건 세상에 대한 책임을 다하지 못했다는 뜻이에요. 저 또한 세월호 희생자들에게 큰 빚을 지고 있다는 생각이 듭니다. 가만히 있지 않는 어른으로 살아가면서 최선을 다해 그 빚을 갚아야겠죠.

세상에 변화와 새로움을 불어넣기 위해 먼저 할 일은 전문가가 되는 것입니다. 전문가는 내가 좋아하는 일, 내가 잘하는 일을 찾고 수련하여 어떤 경지에 이른 사람을 뜻합니다. 내가 하는 일에 대해 물으면 열 시간이라도 쉬지 않고 말할 수 있고, 어떻게 해야 할지 몰라 모두들 당황할 때 해결의 길을 말할 수 있는 사람이 바로 전문가입니다. 나만큼 그 일을 잘 아는 사람이 없기 때문에 늘 할 일이 많죠.

내 손이 닿으면 세상이 바뀝니다. 혼자 할 수 없는 일이라면 여러 전문가가 함께 모이겠죠. 각자 지닌 최상의 것들을 합쳐서 퍼즐 맞추듯 일을 해결해 나갈 겁니다. 그것은 모든 사람이 한 사람을 부러워하는 세상이 아니라, 모든 사람이 서로를 필요로 하는 세상일 테죠.

하나의 기준, 하나의 정답, 하나의 시선으로 나 자신을 정의한다면 우리는 결코 전문가가 될 수 없어요. 내게 맞는 기준, 내 정답, 내 시선을 찾고 내 장단 속에서 춤을 추어야 진정한 고수가 될 수 있습니다.

암기를 잘 못한다고요? 수학 문제가 안 풀린다고요? 영어가 외계어 같다고요? 고수는 아무나 되는 게 아니라고요? 이 말들은 모두 하나의 기준과 정답과 시선으로 재단되어 있습니다. 지금까지 제가 이 책에서 한 이야기는 이와 같은 정답을 벗어나자는 것이었습니다. 나를 정의하는 숫자와 시선을 벗어나 내 마음 속 진실을 찾아가야 합니다. 왜 모든 사람이 똑같이 암기 천재, 수학 영재가 되어야 하나요? 내가 가는 길에 필요하다면 시간을 써서 조금씩 배워 나갈 수 있겠죠. 그러나 그것이 기준 자체가 될 수는 없습니다.

내가 잘하는 게 있어요. 내가 가장 편안하게 느끼는 것, 내게 의미를 부여해 주는 것, 나를 행복하게 만드는 게 있습니다. 그걸 찾아가야 해요. 이를 위해서는 무의식의 진실을 이해해야겠죠. 무의식의 목소리를 경청하며 자기 자신과 대화하는 과정은

필수적인 단계입니다. 그렇게 해서 전문가가 되는 여정이 시작되는 거예요. 그리고 한 걸음 한 걸음 정성껏 내딛다 보면, 어느새 내 꿈에 이르겠죠.

하고자 하는 일이 있을 때 우리는 강해집니다. 내가 가고 싶은 길을 가고 있을 때 우리는 힘든 순간들을 견딜 수 있습니다. 넘어져도 울지 않아요. 그럴 시간이 없거든요. 얼른 일어나 다시 걷습니다. 오직 방향성이 있을 때 가능한 일입니다. 방향성을 얻기 위해서는 일단 내가 무엇을 좋아하는지, 내가 무엇에 관심이 있는지 알아야 해요.

좋아하는 게 없다고요? 우리 머릿속에 입력하는 정보의 양만큼 우리의 세상이 만들어져요. 무엇을 얼마나 입력하느냐에 따라 세상의 크기가 달라집니다. 어디에 무엇이 있고 무슨 일이 일어나고 있는지 모르면 그 세상은 존재하지 않는 것이나 다름없어요. 조금이라도 내 마음을 움직였던 미세한 자극을 포착한 뒤 그것에 대해 열심히 조사해야 합니다. 인터넷을 찾고, 관련 서적을 읽고, 관련 분야의 전문가들을 찾아 만나 보는 게 시작이겠네요. 그 일들을 하다 보면 내가 뭘 좋아하는지 알 수 있게 됩니다.

이런 여정에서 내 마음을 움직인 게 무엇인지 알려 줄 수 있는 도구가 바로 정신분석입니다. 내 말과 행동과 꿈을 분석해 보면 내가 잘 가고 있는지, 내가 어떤 상황에 놓여 있는지, 혹시 힘들어하지는 않는지 살펴볼 수 있어요. 힘은 들어도 마음이 편안한 상태인지, 괴로운 줄 몰랐지만 실제로는 하루하루를 힘겹게 견디고 있는지, 원하는 걸 하고 있는지, 억지로 마지못해 낯선 길을 걷고 있는지 등을 알 수 있습니다. 잠시 멈추어 한 발짝 떨어져서 나 자신을 관찰하는 시간을 가진다면 내 삶의 지도를 그려 나갈 수 있을 것입니다.

물론 그 여정도 쉽지는 않습니다. 왜냐하면 홀로서기를 해야 하거든요. 정신분석의 목표는 성숙한 주체가 되는 것입니다. 스스로 생각하고, 스스로 판단하고, 자신의 실수를 분석하며 상황을 개선할 수 있는 주체, 바로 그것이 정신분석학이 꿈꾸는 성숙한 어른의 모습이에요. 누군가의 시선에서 답을 찾고 끊임없이 눈치를 보고 자신의 생각을 말하지 못하고 세상에 질문을 던지지 못하는 상태, 자기 안의 창조력과 상상력을 개발하지 못하는 상태에서 과연 우리가 행복할 수 있을까요?

답은 오직 나 자신의 내면에서만 찾을 수 있습니다. 내가 누군지 알기 위해서는 내면으로 여행을 떠나야겠죠. 꿈 분석은 그 길을 안내하는 가이드입니다. 이 여행에서 나는 언젠가 내가 꿈꾼 모습에 이르게 될 겁니다. 그때 나는 한 사람의 전문가로서 세상을 바꾸어 나가게 됩니다.

무의식으로의 복귀

긴 여정을 마칠 시간이 되었습니다. 이제 『꿈의 해석』 이후 프로이트의 정신분석학이 어떤 방식으로 재해석되어 왔는지 알아볼게요.

프로이트는 1923년에 『자아와 이드』라는 책을 출간해요. 이 책에서 그는 의식, 무의식, 전의식과 다른 새로운 정신 지도를 제시합니다. 프로이트가 두 번째로 제시한 정신 지도는 자아, 초자아, 이드로 구성됩니다. 이 세 가지 개념은 우리 속에 있는 작은 사람들이라고 생각하면 이해하기 쉬워요. 이드는 아무 눈치도 안 보고 자기가 원하는 것만 계속 큰 소리로 이야기하는 사람이에요. 초자아는 다른 사람들 눈치를 보며 이드를 야단치는 사람이죠. 자아는 이드와 초자아 사이에서 안절부절못하며 문제가 커지지 않도록 둘의 관계를 중재하는 사람입니다.

이 가운데 자아가 가장 중요해 보이죠? 삶을 조율하는 것 같잖아요. 그러나 자아가 이드와 초자아를 통제하고 조절하는 것은 간단한 일이 아니에요. 자아는 가식적으로 문제를 가려 덮어 버리기도 하고, 종종 거짓말도 한답니다. 따라서 만약 우리가 자아를 강화한다면, 무의식의 진실에 다가가기가 더욱 어려워지겠죠? 안타깝게도 프로이트 사후에 많은 분석가들이 자아를 중심으로 정신분석학을 설명했어요.

그러나 프랑스의 정신분석가 자크 라캉은 그런 해석이 프로이트에 대한 배반이라고 지적합니다. 왜냐하면 통제와 조절은 정신분석이 저항하는 의식의 태도이기 때문이죠. 자아를 강조한다는 것은 통제와 조절을 강화하자고 말하는 것과 같아요.

라캉은 여기서 한 걸음 더 나아갑니다. 그는 프로이트 자신도 그가 뭘 한 건지, 어떤 업적을 성취한 것인지 제대로 이해하지 못했다고 생각했어요. 그래서 프로이트를 더욱 적절하게 이해하는 방법을 제시합니다. 그 이야기를 한번 해 볼까요.

정답 없는 삶, 완결 없는 분석

내가 좀 어리석은 일을 하고 있을 때, 친한 친구가 다가와 어깨를 감싸며 이렇게 말합니다. "이건 네가 아니야. 이러지 마. 나는 널 알아." 라캉이 프로이트에게 그렇게 한 셈이에요. 지금은 라캉의 말에 수긍하는 사람들이 많답니다. 라캉이 없었으면 프로이트는 아마 지금과는 다른 방식으로 이해되고 있을 거예요. 제가 지금까지 여러분에게 들려준 프로이트의 이야기와 『꿈의 해석』에 대한 해설도 라캉의 이론에 기반한 것이었답니다. 제가 라

자크 라캉

1901~1981

프랑스의 정신분석가로서 자아를 중심으로 정신분석을 설명하는
정신분석가들을 비판하며 무의식을 중심으로 프로이트의 이론을 재구성했다.

캉을 전공했거든요.

다른 분석가들은 프로이트가 어떻게 사람을 치료했는지, 환자가 얼마나 행복해졌는지, 자아가 역할을 제대로 했는지에 대해 이야기했어요. 그렇지만 라캉은 그 반대 이야기를 했답니다. 그는 우리 정신의 중심에 빈틈이 있다고 말했습니다. 아무리 채우려 해도 결코 채워지지 않는 구멍 난 독처럼 삶에는 언제나 빈 곳이 있다는 겁니다. 그는 이를 '어긋난 부분'이라고 불렀어요. 분석도 삶도 절대로 완결되지 않는다는 거죠. 그게 바로 무의식이라는 개념이 우리에게 알려 주는 거예요. 무의식은 우리가 모르는 영역이죠. 우리 내부에 있지만 그 전모를 아는 것은 불가능해요. 그래서 이름도 무의식입니다.

라캉은 프로이트를 연구하는 많은 의사들과 학자들이 정신분석을 너무 명쾌하게 설명한다고 비판합니다. 그렇게 된 이유는 그들이 『꿈의 해석』보다는 『자아와 이드』를 중요하게 여겼기 때문이기도 합니다.

라캉은 자아를 강조해서는 안 되며 무의식으로 돌아가야 한다고 주장합니다. 그리고 완전한 이해가 불가능한 영역, 어긋남, 틈, 공백을 강조하죠. 우리는 항상 완벽함, 완전함, 확신을 원하잖아요? 정답이 제시되면 좋겠고, 뭔가 확실한 게 많으면 하고 바라죠. 그렇지만 그런 것들에 집착하고 그 속에 갇히면 우리는 더 이상 우리 삶을 변화시킬 수 없게 돼요. 라캉은 정답에 집착하는 삶보다는 뭔가 계속 마음에 안 들고 부족하고 불확실하고,

또 뭔가 꺼림칙한 게 맞다는 이야기를 합니다.

정답 없는 세상은 참 불안합니다. 그런 불안을 견디는 건 참 힘들죠. 그래서 우리는 쉬운 길을 택하기도 해요. 남에게 기대거나 내 안에 갇히는 거죠. 꽤 많은 사람들이 엄마에게 기대고 엄마의 정답에 따라 삶을 살아갑니다. 그렇게 하면 불안하지 않거든요. 그 사람이 남편일 수도 있고, 아내일 수도 있고, 남자 친구나 여자 친구일 수도 있으며, 단짝 친구일 수도 있어요. 그 사람의 말이 정답인 거죠.

과연 그게 정답일까요? 그건 남의 장단이잖아요. 내 장단과 맞지 않으니 불편하고 힘이 드는데도 그 속에 갇히려 하죠. 내가 결정하고 책임지는 것은 어렵지만, 다른 사람의 정답 속에 숨을 때는 책임 회피가 가능하거든요. 문제는 이런 식으로 도망을 가면 순간의 책임 회피가 궁극적으로 원망과 후회로 이어지기 쉽다는 거예요. 내가 정하지 않았으니 정답을 준 사람을 원망하게 되는 겁니다. 그러나 잘 생각해 보면 내가 엄마의 말을 정답 삼아 스스로 그 속에 갇혔던 거죠.

내 안에 갇히는 방법도 있어요. 누구랑 뭘 같이 한다는 건 참 불편한 일이죠? 그래서 그냥 혼자서 다 하기로 합니다. 대학에 들어가 기숙사 생활을 하거나 하숙을 해야 하는 경우, 누구랑 방을 같이 쓰는 게 견딜 수 없을 만큼 괴롭게 느껴진다고 하소연하는 경우가 있어요. 수건 거는 법, 휴지 올려놓는 법부터 시작해서 생활의 모든 것들이 다 자신의 규칙을 깨게 되는데, 그걸 견디지 못하는 거죠. 통제되지 않는 상황이 불안한 겁니다. 그래서 이럴 때는 스스로 자신을 가두어 버리는 길을 택하죠.

그러나 다른 사람 속으로 숨어서도 안 되고, 내 안에 나를 가두어도 안 됩니다. 그렇게 해도 일시적으로 피할 수 있을 뿐, 불안이 사라지는 것은 아닙니다. 또한 내가 선택할 수 없게 되고, 남과 함께 살 수 없게 됩니다.

이를 극복하려면 어떻게 해야 할까요? 불안을 견디는 힘은 어디서 나올까요?

불안이라는 축복

라캉은 프로이트가 우리에게 준 가장 큰 선물이 바로 불안을 견디는 힘이라고 보았습니다. 프로이트의 정신분석학은 종종 성적인 이야기로 가득하다는 비판을 받곤 했어요. 프로이트가 성(sexuality)을 중시하기는 했지만, 그렇다고 성만으로 모든 것을 해석하려 하지는 않았어요. 이런 오해가 널리 퍼져 있는 상황이니 프로이트의 말을 잠깐 들어 봅시다.

> 비평가들은 제가 모든 꿈을 성적으로 해석해야 한다고 주장했다며 혹독하게 비판해 왔는데,『꿈의 해석』의 어느 부분에서도 저는 그런 주장을 한 적이 없습니다. 이후에 출간된 개정판들에서도 마찬가지고요. 그것은 제가 이 책에 쓴 다양한 이야기들과 명백히 대립되는 주장입니다.(397/402)

라캉은 프로이트가 지닌 다른 빛나는 면들에 주목했어요. 그래서 그는 프로이트의 정신분석학의 중심에 공백을 배치합니다. 공백은 어긋남, 틈, 결여라고도 바꾸어 말할 수 있어요. 우리 마음의 중심에 어떤 부분이 비어 있기 때문에 우리가 늘 불안하고 허전한 느낌을 받는 거죠. 정신분석을 공부하는 사람은 불안을 피하지 않게 돼요. 불안은 자연스러운 것이고, 우리가 세상에 태어날 때부터 우리와 함께하는 것이랍니다.

라캉은 정신분석학이라는 이론으로 완벽함, 완전함이라는 허상을 깨고자 했어요. 살다 보면 항상 무엇인가가 어긋나고, 돌발 상황이 생기고, 계획이 틀어집니다. 정신분석은 우리가 그 상황을 회피해서는 안 되며 그런 어려움에도 불구하고 그 불안을 견디며 선택하고 책임져야 한다고 조언합니다. 그리고 그렇게 불안한 또 다른 사람과 불안을 딛고 소통해야 한다고 말하죠. 불안을 견딜 수 있을 때 비로소 우리는 온전히 나 자신이 되어 자유롭게 삶을 선택할 수 있습니다.

불안은 우리 마음속 한 부분이 비어 있기 때문에 느끼게 되는 정서입니다. 어떤 부분이 비어 있다는 말은 정해진 것이 없다는 뜻이기도 합니다. 모든 것이 가능하다는 말과도 같죠. 내 중심의 빈 곳은 나를 끊임없이 움직이게 만드는 동력이기도 합니다. 반면 빈 곳이 없다는 말은 이미 답이 나와 있다는 뜻이에요. 완벽함, 완전함이라는 말은 멋있게 들리지만 사실은 답답한 단어들입니다. 가능성도 없고 변화도 없잖아요. 물론 선택의 자유

〈불안〉

에드바르트 뭉크, 1894

소용돌이치는 검붉은 구름과 사람들의 표정에서 두려움과 불길함이 느껴진다.
불안은 흔히 두려운 것으로 여겨진다. 그러나 불안을 회피하면 우리에게
주어진 무한한 자유를 포기하게 된다. 아무것도 정해진 것이 없기 때문에,
즉 무한한 선택의 가능성이 열려 있기 때문에 불안한 것이다. 자신의
길을 찾아 나설 때 불안을 느끼는 것은 지극히 당연한 일이다.

도 없죠.

꿈 분석에서 완전한 해석, 완벽한 이해가 가능하지 않다는 프로이트의 말은 우리 마음속 빈 공간의 중요성을 강조하고 있습니다. 그 부분 때문에 꿈은 결코 완벽하게 해석될 수 없죠. 저는 바로 이것이 『꿈의 해석』의 중심 주제라고 생각해요.

사람들은 보통 『꿈의 해석』에서 답을 얻으려고 합니다. 그래서 내 꿈의 정답이 뭔지 알기 위해 이 책을 읽는 경우가 있어요. '뱀 꿈은 무슨 뜻일까?', '가위에 눌렸다는 건 뭐지?', '꿈에 아는 사람이 죽었어. 진짜 그 사람한테 무슨 일이 생기는 건 아닐까?'라는 질문의 답을 찾기 위해 책을 읽죠. 그리고 실망해요. 프로이트는 정답을 주지 않거든요.

그러나 프로이트는 우리 삶 속에 정해진 것은 없으며 우리 모두가 자유로운 존재들이라는 것을 알려 줍니다. 그리고 우리가 어떻게 온전히 우리 자신이 될 수 있으며, 왜 그래야만 하는지 이야기해 주죠. 프로이트의 이야기들을 통해 우리는 나만의 개성을 찾고, 그것을 소중히 가꾸며 용기 있게 현실을 대면하게 됩니다. 불안을 견디고, 선택과 결단을 통해 내 삶의 주인공이 되는 과정, 그것이 바로 『꿈의 해석』이 안내하는 정신분석의 여정입니다. 우리 모두가 자신을 알아 가고, 자신의 꿈을 이해하며, 현실에서 그 꿈을 실현하는 세상, 그것이 바로 정신분석이 꿈꾸는 세상이랍니다.

『꿈의 해석』은 전문가들로 이루어진 세상에 대한 전망 속에서 꿈을 찾아 떠나는 여정을 돕는 실천적 안내서입니다. 『꿈의 해석』이 알려 주는 방법론으로 이제 나 자신의 이야기를 경청해 보세요. 그 시작은 꿈을 통해 무의식에 비친 내 모습을 만나는 것입니다.